[改訂]

受験する前に知っておきたい

警察官の
専門常識・基礎知識

シグマ・ライセンス・スクール浜松 校長 鈴木俊士 監修

つちや書店

はじめに

警察官に必要な知識を身につける

　警察官への採用が決まると、警察学校に入学し、そこで警察官としての素養を身につけます。警察官に必要な知識をひと通り勉強し、訓練を行い、警察学校を卒業してそれぞれの勤務先へと配属されます。

　もし知り合いに現役の警察官がいたのなら、その人から警察学校のことはもちろん、警察官の実際の仕事のことを聞くことができるでしょう。とはいえ、何から何まで質問に答えてもらえるわけではありません。知りたいことは、自分で調べる必要があります。警察官に関する資料や本は多くありますので、ある程度なら警察官の仕事などについて知ることは大変なことではないと思います。しかし、あなたが本気で警察官を志望し、「そのためには何が必要で、どんな準備をしたらいいのか」という、詳細な情報や深い知識を得たいと思った途端、期待に応えてくれる情報源は一気に少なくなります。

　本書は、そういった受験生のために、警察についての知識はもちろん、警察官になるために必要な知識にどんなものがあるのかまでを網羅したものとなります。

警察官にとって必要なこととは?

　警察官の仕事は多岐にわたりますが、最初に思い浮かべるのは交通整理や容疑者逮捕といったシーンではないかと思います。しかし、もちろんそれだけではなく、犯罪抑止や真相究明、犯罪組織対策、テロ・ゲリラ対策など、複数の分野のプロフェッショナルがいて、それらの集団こそが警察組織なのです。事故・事件現場では体力に限らず知識も求められますが、どう対処すべきか判断ができなくてはならないので、経験も必要となってきます。地道な科学捜査などでは事前に知っておかなくてはならないこと、勉強しておかなくてはならないことが非常に多く、また、細かな作業になるので、根気もいります。

　このように、警察官といっても、必ずしも体力や知識だけが求められているわけではありません。

警察官の仕事一例

- ● 刑事
- ● 鑑識
- ● 山岳警備隊
- ● 交通機動隊
- ● 水上警察隊
- ● 航空隊

「いま」知っておくことのメリット

　警察官の採用試験を受験する前に、知識を蓄えておくことであらゆるメリットを得ることができます。

メリット❶ 警察官に対する熱意がある。その熱意が伝えられる人に

　警察官に限らず、就職活動を行っている人は企業・業界研究に力を入れます。自分が将来長きにわたって従事する仕事ですから、事前にどんなものなのかをしっかり知っておくことは重要です。警察官の仕事は多岐にわたります。本書を読めば、自分がどんな職種に就きたいか、どんな仕事に向いているのかを、事前に知ることができ、将来のヴィジョンもより明確になります。

メリット❷ 警察学校の勉強に入りやすくなる

　警察の仕事は専門性が高く、警察官になったらまず、多くのことを警察学校で学ぶことになります。どういった職種があるのか、その仕事に就くためにはどういった知識や資格が必要なのか、警察官に必要な知識にはどういったものがあるのかを知り、事前に予習しておくことで、警察学校での勉強に入りやすくなります。

メリット❸ 面接試験の場でアピールできる

　警察官の採用試験では、面接試験が行われます。毎年たくさんの人が受験しますので、面接官は十人十色の意見をたくさん聞くことになります。しかし、実際はどこかで聞いたことのある、似たような自己PRや志望動機を聞くことが多いようです。警察官についての知識を深め、独自の現実的な視点を持つことが重要です。また、現時点で警察官の仕事に関してどれだけ勉強しているか、警察官の仕事内容についてどれだけ理解しているかがアピールできます。

知識の蓄積は、実際の現場で活躍するため

　知識を蓄えておくと、後に警察官になった際に役立ちます。むしろ、それこそが知識を蓄えることの本当の目的です。事故・事件現場は何が起こるかわかりません。想定しないことも起こり得ます。それは何年も経験を積んだベテランの警察官も同じでしょう。だからこそ、知識を蓄え、常に新しい方法を模索し、日々トレーニングや訓練を繰り返すのです。

　現役の警察官が日々向上を目指しているのですから、これから警察官になるという人が勉強やトレーニングを始めて早過ぎることはないのです。本書はそんな人たちに向けて、警察官の専門常識・基礎知識をまとめたものになります。将来、警察官として活躍するための一助となれば幸いです。

本書の使い方

　本書では、警察について、あるいは警察官についての知識を蓄積できると同時に、警察官を目指す受験生にとって、警察官になる前に覚えておきたい知識をまとめたものになります。本書は大きく「専門常識」と「基礎知識」という内容に分けることができます。

専門常識…警察や警察官に関する知識や、警察の装備、警察法などの専門的な常識。
　　　　　（Chapter1〜4）
基礎知識…警察の仕事と結びつきの強い、広く知られている知識。警察官になる前に
　　　　　知っておきたい知識。（Chapter5〜7）

以下、それぞれの章の概要と活用法です。

（ Prologue ）　知っておくべき基礎の基礎

警察官になる前に知っておきたいことをまとめています。どんなことを知っておくべきか、ここで確認しましょう。

（ Chapter 1 ）　警察官の専門常識その1　警察官という仕事

警察・警察官についての情報をまとめています。警察・警察官の仕事に関して、理解を深めることができます。

（ Chapter 2 ）　警察官の専門常識その2　警察官の活動

警察官が対応する事故や事件などについて、そしてそれらにどのように対応しているのかについてをまとめていますので、自分が就きたい職種の参考にもなります。

（ Chapter 3 ）　警察官の専門常識その3　警察官が使う道具・装備・車両等

警察官が使用する道具や車両などについてまとめています。多種多様な道具や車両を知ることで、より警察官の仕事が見えてくるようになります。

（ Chapter 4 ）　警察官の専門常識その4　法律

警察官と関わりの深い警察法や刑事法などをまとめています。それぞれの法律の内容や目的を理解しておきましょう。

（ Chapter 5 ）　覚えておきたい基礎知識　歴史・事例・用語

警察の歴史や、過去の事故や事件の事例を紹介していますので、警察への理解を深めると同時に、過去からの教訓を学べます。

Chapter 6 覚えておきたい基礎知識　国語・英語

覚えておきたい警察用語や、警察官として使う頻度の高い英単語・英語フレーズ等を紹介しています。ほかにも警察官が記述する公文書の例も掲載しているので、実際の職務の様子が見えてきます。

Chapter 7 覚えておきたい基礎知識　薬物・テクノロジー

警察官なら知っておきたい違法薬物の基本知識、インターネットやパソコンの普及に伴って増加しているサイバー犯罪の内容、日々研究・開発されている警察の技術についてまとめています。時代とともに進化する警察の取り組みについて、知識を広げましょう。

Chapter 8 警察官の専門常識・基礎知識　総まとめ問題集

Chapter1〜7を復習できる問題集となっています。本書をひと通り読んだ後に、どれだけ知識が深まったかを確認できます。

理解度チェック問題ページ

Chapter1〜7の最後には「理解度チェック問題」があります。それぞれのChapterを復習することができます。Chapter8の総まとめ問題集に臨む前に、この理解度チェック問題で一度おさらいすることをオススメします。

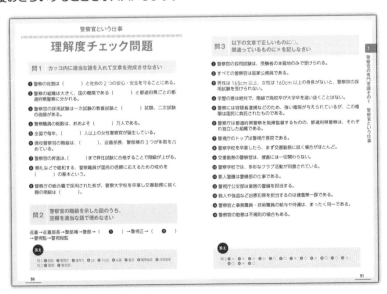

CONTENTS

Chapter3　警察官の専門常識その3　警察官が使う道具・装備・車両等

Chapter4　警察官の専門常識その4　法律

Chapter5　覚えておきたい基礎知識その1　歴史・事例・用語

Chapter6 覚えておきたい基礎知識その2 国語・英語

Chapter7 覚えておきたい基礎知識その3 薬物・テクノロジー

Chapter8 警察官の専門常識・基礎知識 総まとめ問題集

知っておくべき
基礎の基礎

犯罪に対して果敢に立ち向かう警察官は昔から憧れる人の多い職業の一つですが、警察や警察官についてどれだけ知っているでしょうか。まずは事前研究することが大事です。研究して得た知識は面接試験での発言に説得力が生まれるなど、きっと採用試験でも有利に働くでしょう。

何を知るべきか、なぜ知るべきかを認識するところから、準備が始まります。スタートラインに立つために、まずは警察官の基礎知識を身につけましょう。

Prologue

知っておくべき基礎の基礎

警察官に必要な知識

チェックポイント
- 警察官に求められる知識を今から知っておくメリットを理解する
- 専門知識は採用試験でアピール度を高める

警察官に求められる知識とは

　一口に警察官といっても、その職種はたくさんあります。最近の事件は複雑化・巧妙化しているため、より専門的な知識や技能が必要とされます。したがって、**採用試験に合格した後、警察学校へ入学し、ここでたくさんのことを勉強します**。それと同時に、職務遂行のための強い精神力や体力を養うのです。警察官の幅広い仕事の中身をよく理解しておきましょう。

　自分が進みたい職種を見極めるうえでも、それぞれの職種がどういったものかを具体的に知ることは重要です。そして、その職種に必要な知識や資格、スキルを把握し、実際に身につけていきます。まずは警察という仕事に関して、理解を深めましょう。

なぜ今から知る必要があるのか

　警察や警察官の仕事について理解を深めることはとても有益です。いわゆる**業界研究**としての意味合いがあるだけでなく、適性を探れるほか、**今から警察官としての素養を磨くことも可能**だからです。また、自分のやりたいことや就きたい職種を明確にすることで、目指す理想の警察官像を具体的にイメージすることができ、モチベーションアップにもつながります。採用試験の面接で「警察官になってからやりたいことは？」と聞かれた際、慌てずに回答できるよう、警察・警察官についてしっかり知っておきましょう。

警察官に関する基礎知識Q&A

以下、よくある質問にお答えします。

 Q1. 警察官になるにはどうしたらいいですか?

警察官になるには、国家公務員試験か地方公務員試験を受験する必要があります。前者は警察庁に採用される大卒者向け受験枠。一方、各都道府県警察を目指す場合は後者で、大卒程度もしくは高卒、短大卒程度の受験枠があります。詳しくはP.38-39で確認してください。

 Q2. なぜ今から知識を得ておいたほうがいいのですか?

業界研究のためにも知っておくことをオススメします。面接試験の際、志望動機をより具体的・現実的なイメージで伝えられるようになり、評価の対象になるでしょう。さらに専門知識を予習しておけば、警察学校の授業にも気後れしません。

 Q3. 学生時代に勉強した内容は役立ちますか?

もちろん役立ちます。調書をはじめ文書作成の業務が多いので、漢字の読み書きや文章力といった国語のほか、法律や簿記の知識なども欠かせません。事件が国際化している近年、英語をはじめとする語学力は、大きな強みになります。

 MEMO ：**身につけておきたい社会人としての基本**

　警察官の仕事に求められる知識や技能は専門性・特殊性が高く、多くは採用後に訓練などを通して取得します。法律遵守や正義感の強さは言うまでもありませんが、むしろ心身ともに健康で、正しい言葉づかいやきちんとしたあいさつ、協調性など、社会人としての基本を身につけておきたいものです。

知っておくべき基礎の基礎

警察官に必要な資格

● 職務上必要になってくる資格にはどんなものがあるのか
● 今後重要視される可能性の高い資格とは

資格について把握しておこう

　警察官は職務上、資格や免許が必要ですが、警察官になる前に取得しておかなくても大丈夫です。必要な資格は警察学校入学後、もしくは警察官になってからで間に合います。まず、取得する資格は普通二輪免許（交番勤務でオートバイ乗車があります。ただし、白バイは大型二輪免許のため別途取得が必要）と無線従事者免許の2つです。

　意外なのは無線従事者免許。緊急時、無線は一度で多くの人に連絡することができるため、警察の連絡手段として不可欠な免許なのです。このほか警察学校で柔道または剣道のどちらかを選択し、経験豊富な指導者の下、ほとんどの人が初段以上を取得して各職種に配属されます。

取得できるそのほかの資格例

　晴れて警察官となり、交番勤務を経て希望職種に就くには、**内部資格の取得や検定合格、国家資格の取得が必要な場合もあります**。希望する職種をよく理解して、資格取得に挑戦しましょう。

公的資格例
● 大型自動車免許　　● 大型二輪免許　　● 潜水士　　など

警察内部資格例

- 白バイ隊員の資格　● パトカー乗務員の資格　● 鑑識の資格
- 拳銃検定：初級～上級　● 体力検定：D～AAA　など

重要視される資格は？

　犯罪の国際化につれて、英語をはじめ語学の資格はますます必要とされるでしょう。サイバー犯罪の増加を踏まえ、情報処理に関する資格も同様です。汚職事件やマネーロンダリングなどの捜査に欠かせない簿記、犯罪被害者支援としてのカウンセリングなどは今後、注目される資格と言えます。

　警視庁などは、採用の際に受験生の取得資格の内容を評定して成績の一部とする「資格経歴等の評定」を導入しています。必須の資格はないものの、バイタリティーに満ち溢れた人材を多く採用する、という視点から、取得資格も見ています。希望受験先の採用案内をチェックすると良いでしょう。

　以下は、警視庁で資格経歴等の評価対象となるものの抜粋になります。

語学

- 実用英語技能検定（英検）2級以上
- TOEIC470点以上
- TOEFL〈iBT〉48点以上、〈PBT〉460点以上、〈CBT〉140点以上
- 国際連合公用語英語検定（国連英検）C級以上
- 中国語検定3級以上
- 中国語コミュニケーション能力検定（TECC）400点以上
- ハングル能力検定準2級以上
- 韓国語能力試験4級以上
  またはこれらに類するもの

情報処理

- ITパスポート
- 基本情報技術者
  または、応用情報技術者　など
- 経済産業省管轄の国家資格
  または、これに類するもの

知っておくべき基礎の基礎

警察官に必要な体力

チェック ポイント

● 体力に自信がなければトレーニングを始める
● 採用試験における体力検査の内容はどうなっているか

体力アップのためのトレーニングを

「警察官はやっぱり運動部出身のほうが有利なのでは？」と思っている方は少なくないかもしれません。確かに、全国大会への出場経験といったスポーツ歴を評価対象にする警察組織（たとえば警視庁など）もありますが、**運動部出身ではなくても活躍している警察官は大勢います。**

多くは人並みの体力があれば十分です。ただ、体力検査は職務に耐えられるかどうかを判断するわけですから、体力にあまり自信がなければ、勉強の合間を縫って日頃からトレーニングやランニングなどで体力アップに努めておきましょう。また、警察学校では剣道か柔道が必須です。その訓練についていくためにも基礎体力は欠かせません。

体力検査を突破するには

各都道府県によって体力検査（試験）の種目や内容、基準は異なりますが、**腕立て伏せは、ほぼ例外なく実施されます。**時間を定めて回数を数える、あるいは時間・回数とも定めずに限界までやらせるなど、実施方法はそれぞれ違います。事前に採用案内を取り寄せるかホームページでよく確認して、検査の内容に応じたトレーニングを積んでおいたほうがいいでしょう。

先輩から直接、検査の様子を聞くのも一つの方法です。単に回数だけで決めているのか、それとも基準をクリアできなくても必死に続ける姿から、簡単にあきらめない粘り強い性格かを見ているのか、などがわかります。

体力検査の内容と得点基準

上段…男性　　下段…女性

種目/素点	0	10	20	30	40
反復横とび	41回以下	42-47回	48-53回	54-59回	60回以上
	35回以下	36-41回	42-46回	47-51回	52回以上
20m シャトルラン	31回以下	32-52回	53-73回	74-94回	95回以上
	18回以下	19-32回	33-46回	47-61回	62回以上
握力	35kg以下	36-42kg	43-49kg	50-55kg	56kg以上
	19kg以下	20-24kg	25-29kg	30-34kg	35kg以上
腕立て伏せ	14回以下	15-24回	25-33回	34-41回	42回以上
	8回以下	9-17回	18-26回	27-35回	36回以上
上体起こし	17回以下	18-21回	22-25回	26-29回	30回以上
	9回以下	10-13回	14-17回	18-21回	22回以上

(注)
1. 各種目の点数を合計した、200点満点で得点を決定
2. 柔道または剣道の段位取得者や全国規模で行われるスポーツ大会に選手として出場した経験のある者、プロスポーツ選手経験者については、要件を満たせば加点がある。ただし、複数の加点項目に該当する場合は、もっとも高い点数の加点項目のみ加点。なお、加点した場合でも体力検査の配点200点を上限とする
3. 男女とも (注) 2の加点を含む体力検査の得点が100点に達しない場合は、第一次試験は不合格となる
出典：香川県警察ホームページの採用案内を基に作成 (令和4年12月1日時点)

体力検査で課される「バーピースクワット」

　体力検査の種目として、「バーピースクワット」を課すところもあります。このバーピースクワットを、たとえば時間内にどれだけできるかを見ます。体力と同時に俊敏さが求められます。右のイラストは、バーピースクワットの例になりますので、参考にしてみてください。

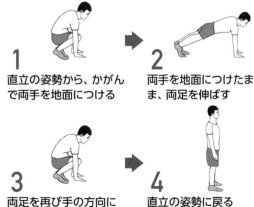

1 直立の姿勢から、かがんで両手を地面につける

2 両手を地面につけたまま、両足を伸ばす

3 両足を再び手の方向に引き寄せる

4 直立の姿勢に戻る

知っておくべき基礎の基礎

警察官適性チェックリスト

チェックポイント
- まずは自分がどの程度、警察・警察官に関する知識があるかを知る
- 最終的にすべての項目をチェックできるようにする

何を知っていて、何を知らないかを把握する

　警察官を目指す人なら、警察についていろいろと調べていることでしょうが、意外に知らないこともあるはずです。まずは自分がどの程度、警察の仕事などに関する知識、または警察官になるために必要な知識があるのか、次のチェックリストを使って把握してみましょう。そして本書を読み進め、最終的にすべての項目にチェックができるようにしましょう。

CHECK 警察について

- ☐ 警察の組織について知っているか？
- ☐ 警察の階級について知っているか？
- ☐ 警察にはどんな仕事があるか知っているか？

➡ Chapter1をチェック

CHECK 警察官について

- ☐ どうやって警察官になるか知っているか？
- ☐ 警察官の一日の勤務がどのようなものかイメージできているか？
- ☐ 警察官の給与や待遇を知っているか？

➡ Chapter1をチェック

CHECK　警察の活動について

□ 警察が対応する事故とその対策について知っているか?

□ 警察が対応する犯罪とその対策について知っているか?

□ 警護・警備、災害派遣・復興活動について知っているか?

➡ Chapter2をチェック

CHECK　装備について

□ 警察官の服装や道具について知っているか?

□ 警察が使用する車両や船舶などについて知っているか?

➡ Chapter3をチェック

CHECK　関係法令について

□ 警察法や道路交通法など、関係する法律について知っているか?

➡ Chapter4をチェック

CHECK　歴史・時事について

□ 警察の歴史について知っているか?

□ 過去の事件や警察用語について知っているか?

➡ Chapter5をチェック

CHECK　国語・英語について

□ 敬語など正しい言葉づかいは身についているか?

□ 常用漢字や最低限必要の英語は身についているか?

➡ Chapter6をチェック

CHECK　薬物・テクノロジーについて

□ どういった違法薬物があるか知っているか?

□ サイバー犯罪や警察の技術について知っているか?

➡ Chapter7をチェック

警察官インタビュー①

Q.
警察官になる前に、これを知っておくといい、ということはありますか?

Aさん

　現在は、会社などで文書作成にパソコンを使うことが多くなったと思いますが、警察官の場合、手書きで文章を書く機会が多いので、漢字はもちろん覚えておきたいですね。丁寧に字が書けることも重要です。外国の方への対応などもあるので、英語もできると理想的です。

　パソコンスキルは事前に身につけておくといいでしょう。事務仕事などでWordやExcelを使用する機会も多いです。また、サイバー犯罪に対応できる人材が今後ますます必要になってくると思うので、そういったサイバー関連の知識に長けた人も、将来有望かもしれませんね。

Bさん

Cさん

　警察官は土地勘が必要となってくるので、志望勤務先の地域のことに関しては、事前に知っておくといいですね。ほかにも、来客対応もあるので、お茶の出し方といった、基本的なこともできなくてはなりません。マナーに関しても、相手に失礼を与えないよう、身につけておくといいでしょう。

CHAPTER

1

警察官の専門常識その1

警察官という仕事

警察官の多くが全国の都道府県警察に勤務する地方公務員です。ただし、けん銃を使用し、容疑者を逮捕・拘束することが許された特別な職業。警察組織、職種、警察官になるための道筋、どんなトレーニングを経て一人前になるのか……。Chapter1では、警察官の全体像を把握します。

犯罪の種類が多種多様なら、これを防ぎ、市民と社会の治安を守る警察官の仕事も多岐にわたります。改めて、仕事としての「警察官」がどんなものか予習復習しましょう。

常識度　難易度　専門性　実用性　受験重要度

警察とは

チェック ポイント

● 多種多様な犯罪が起こる日常における、警察の役割とは
● 職務上、警察官には人一倍の正義感や倫理観などが求められる

あらゆる事故、事件に対応するために

「個人の生命、身体、および財産の保護」「公共の安全と秩序の維持」（警察法第2条）、つまり国民と社会という2つの安心・安全を守ることが警察の役割です。

実際に交通事故、殺人、窃盗、詐欺など、犯罪は絶えることがなく、また、時間と場所を選びません。相次ぐストーカー事件、ITを駆使したサイバー犯罪、ニセ電話詐欺などの知能犯、グローバル化を背景とした外国人の犯罪など、社会環境の変化に伴う事件も、増加の一途です。

このため警察内の職種は400以上とも言われ、総職員数は約25万9000人（令和4年警察白書）になります。犯罪の多様化に合わせて女性職員の採用にも積極的です。男女別枠に募集があり、全国で毎年1000人以上の女性警察官が誕生しています。

知っておきたい用語ガイド

▶ 警察法

警察官のあり方を定めた法律になります。詳しくはP.102を参照してください。

▶ 留置

被疑者や被告人を、都道府県警察内に設置されている留置場などの機関に拘束することです。留置場と拘置所は共通する部分もありますが、留置場は警察の管轄で、拘置所は法務省の管轄、といった違いがあります。

▶ 人権

人間が人間らしく生きる権利であり、生まれながらに持っている権利のことです。

特別な権限を支える、強い職務倫理

　事故や犯罪の予防、また事件の捜査や容疑者逮捕のために、警察には特別に強い権限が与えられています。たとえば、職務質問や人物の取調べ、被疑者の逮捕、留置、武器の使用などで、いずれも個人の**人権**を制限するものです。

　権限の乱用が許されないのはもちろんのこと、**この権限が市民から負託されたもの**であることを自覚し、適正に執行するために、警察職員には強い正義感、使命感、責任感、倫理観が求められます。

　以下の5つは、「職務倫理の基本」という、警察職員が国民の信頼に応えるための戒めです。朝礼など機会あるごとに全員で唱和します。

職務倫理の基本

一　**誇りと使命感を持って、国家と国民に奉仕すること。**

二　**人権を尊重し、公正かつ親切に職務を執行すること。**

三　**規律を厳正に保持し、相互の連帯を強めること。**

四　**人格を磨き、能力を高め、自己の充実に努めること。**

五　**清廉にして、堅実な生活態度を保持すること。**

※「警察職員の職務倫理及び服務に関する規則」より

 MEMO ： **権限と倫理、そして義務**

　権限に義務はつきもので、たとえば警視庁の職員服務規程には「職務上の危険または責任を回避してはいけない」「かりそめにも警察の便宜から公衆に迷惑を掛けるようなことがあってはならない」という厳しい定めもあります。

警察官の専門常識その1　警察官という仕事

警察組織①
［警察庁の組織］

常識度
難易度　専門性
実用性　受験重要度

チェックポイント

● 国の官庁の一つである警察庁は、内閣総理大臣が所轄する
● 警察庁と都道府県警察のそれぞれの役割は何か

企画と監督を行う国の機関・警察庁

　警察の組織は大きく２つに分かれています。国の機関としての「警察庁」と、都道府県ごとに置かれた「都道府県警察」です。役割も異なり、警察庁は警察の態勢を整えたり、都道府県警察に対する指揮監督を行ったりするのが中心で、事件の捜査など実際の警察活動は原則として行いません（警備局、皇宮警察などは例外）。

　警察庁の職員は国家公務員であり、都道府県警察は地方公務員です（警視正以上は国家公務員になる）。国の省庁ですから、最終的には内閣総理大臣が所轄し、警察庁を直接管理する「国家公安委員会」（委員長は国務大臣）、現職警察官の中から任命される警察庁長官と続きます（P.25参照）。

　長官を補佐する警察庁次長の下に６つの内部部局と地方機関があり、各局は最終決定権と都道府県警察の指揮権を持っています。このおかげで、上層部の一存で末端を動かすことはできず、警察権力の集中を防いでいます。

緊密に連携する警察組織

　警察庁の組織と都道府県警察の組織は緊密に連携していて、たとえば刑事警察に関する施策を企画立案している（たとえば、取り調べがより高度に、適正に行われるための策定など）警察庁の「刑事局」なら、都道府県警察本部の「刑事部」、所轄署の「刑事課」といった具合にリンクしています。

警察庁の組織

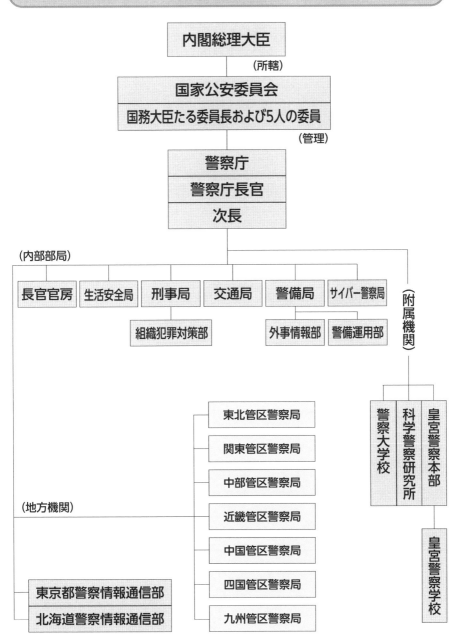

内閣総理大臣

（所轄）

国家公安委員会

国務大臣たる委員長および5人の委員

（管理）

警察庁

警察庁長官

次長

（内部部局）

| 長官官房 | 生活安全局 | 刑事局 | 交通局 | 警備局 | サイバー警察局 |

組織犯罪対策部

外事情報部　警備運用部

（附属機関）

警察大学校　科学警察研究所　皇宮警察本部

皇宮警察学校

（地方機関）

東北管区警察局
関東管区警察局
中部管区警察局
近畿管区警察局
中国管区警察局
四国管区警察局
九州管区警察局

東京都警察情報通信部
北海道警察情報通信部

出典：警察庁ホームページを基に作成

警察官の専門常識その1　警察官という仕事

警察組織②
[各都道府県の組織]

常識度／専門性／受験重要度／実用性／難易度

チェックポイント
- 警察官の多くは都道府県に所属している
- 警察本部の中の部署にはどういったものがあるのか

トップは本部長、地域の安全を守る

　多くの警察官は都道府県警察に所属し、地域内で発生した事件や事故への対応を行います。北海道なら「北海道警察本部」という名称になり、組織のトップは北海道警察本部長ですが、**東京都だけは例外です**。「警視庁」と呼ばれ、トップの役職は警視総監になります。東京都の人口は飛び抜けて多く、警察組織も巨大であること、そして首都の治安を守るという独特の役割から、明治の近代警察誕生（明治7年）以来の呼称を、そのまま使い続けています。

　それぞれの都道府県警察の組織図はほぼ同じであり（P.27参照）、警察庁とも似ていますが、**各自治体が設置する独立した組織です**。組織名などは自治体によって多少異なるものの、福利厚生や人事などの「警務部」、思想的背景のある犯罪を扱う「警備部」、住民の安全を守る「生活安全部」、免許証の発行や交通違反を取り締まる「交通部」、地域の犯罪予防を担当する「地域部」、刑事事件を扱う「刑事部」が基本の6部署といえます。

知っておきたい用語ガイド

▶ **所轄署**

所轄署は各自治体内で細分化され、明確に規定された地域内の捜査を行います。また初動捜査は所轄署が行い、重大事件の場合には本部が援軍を送り、合同捜査に至ることが多くあります。

▶ **交番・駐在所**

交番、駐在所とも所轄署が担当地域に設置する詰め所です。ともに所轄署の地域課に所属し、制服警官が任務に就きます。

都道府県の警察組織

東京都の場合

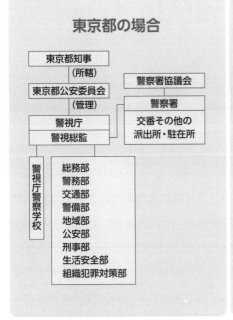

北海道の場合

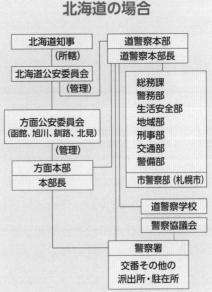

府警察および指定県の県警察（14府県）の場合

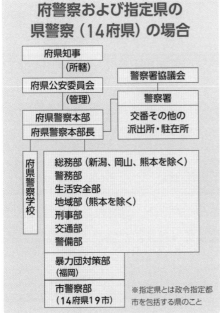

県警察（31県）の場合

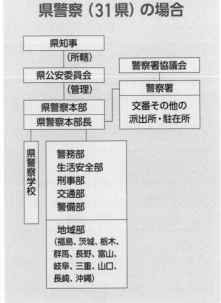

警察官の専門常識その1　警察官という仕事

警察官の階級

**チェック
ポイント**

● 必ずしも「巡査」からのスタートというわけではない
● 階級と役職の関係性はどうなっているか

知っておきたい警察官の階級

　警察官の階級は「巡査」からスタートして「巡査部長」「警部補」「警部」「警視」「警視正」「警視長」「警視監」「警視総監」と続きます。警察庁でも都道府県警察でも、階級に違いはありません。

　ただし、国家公務員採用試験の合格者（総合職の場合）は、警察大学校を経て交番勤務に就く際には、階級はすでに巡査部長。現場の訓練と警察大学校の補習を経て、警察庁勤務となりますが、そのときは警部補に昇進します。この間、わずか1年〜1年半ほど。さらに2年間、警察庁に勤務すると警視となります。

　各都道府県警察の採用合格者は、すべて巡査から始まり、警部になるまでは階級ごとに昇進試験を受けて一つずつ階級を上げていきます。

　ちなみに現役警察の役職の比率は、巡査、巡査部長、警部補が、それぞれ全体の30％を占めています。

階級と役職

　階級と役職とは、必ずしも一致しません。ポストに空きがなければ昇任できないからです。ただし、各警察署の署長には警視正か警視、警察署の課長には警部が就いています。

階級と主な役職の関係

階級／所属	警察庁	警視庁	県警本部	警察署
－	警察庁長官	－	－	－
警視総監	－	警視総監	－	－
警視監	次長、局長、審議官、警察大学校長	副総監、部長	主要本部長	－
警視長	課長	部長	本部長、部長	－
警視正	室長、理事官	方面本部長、参事官、主要課長	部長	署長
警視	課長補佐	管理官、課長	課長	署長、副署長
警部	係長	係長	課長補佐	次長、課長
警部補	主任	主任	係長	係長
巡査部長	－	係	主任	主任
巡査	－	係	係	係

 MEMO　：　**権限と倫理、そして義務**

　各都道府県警察で採用された警察官は巡査からスタートしますが、採用区分によって昇級に必要な勤務実績の年数に違いがあったりします。しかし、ほかの公務員と比較して、警察は「実力の世界」。実務能力次第で、30歳前にして高卒が大卒を追い抜くこともあります。

警察官の専門常識その1　警察官という仕事

警察の職種

常識度
難易度　専門性
実用性　受験重要度

チェックポイント

● 犯罪や事故などに対応する警察の部署はどうなっているか
● 自分の希望や特性が活かせる職種は何か

地域部　住民生活に密着して安心・安全維持

　住民にとって警察官をもっとも身近に感じられるのが、交番勤務のいわゆる"おまわりさん"です。彼・彼女らが所属する地域部の仕事は、遺失・拾得物の受付や地理案内、地域パトロールのほか、地域で事故・事件が発生したらいち早く現場に駆けつけ、初動捜査を行うことです。**交番では警察官の仕事の基本が学べるため、ほとんどの場合、警察学校卒業後はまず交番に配属されて現場経験を積み、実務能力を蓄えます。**

　地域部があるのは警視庁をはじめとする24の都道府県警察で、これ以外の県警察では生活安全部の中に地域課が置かれています。地域部にはこのほか通信指令課、自動車警ら隊、鉄道警察隊、航空隊のほか、地域特性に合わせた山岳警備隊（長野県、富山県、岐阜県）、水上警察隊（千葉県、福島県、兵庫県など）といった部署があります。

●地域部の部署と仕事　※警視庁の場合

地域総務課	交番やパトカーに関することなどを扱う ヘリコプターによるパトロール活動などを行う航空隊も所属
地域指導課	軽犯罪者の取締りなどを行う
通信司令本部	24時間体制で110番通報の受理、および無線による指令などを行う
自動車警ら隊	パトカーによる地域パトロールや交通違反の取締りのほか、犯罪防止や犯人検挙など
鉄道警察隊	私服で鉄道施設内のスリや痴漢、喧嘩などの犯罪防止、犯人検挙など

交通部　事故防止や違反取締りから免許証交付まで

　安全な車社会の実現のために活躍しているのが交通部です。交通ルール違反の取締りや交通事故の処理はもちろん、交通マナーの向上や交通規制、駐車違反の取締り、運転免許証や車庫証明の交付など、交通全般を扱います。

　また、**交通捜査課には交通部で唯一、刑事が所属しています**。ひき逃げ事件が発生したとき、目撃者を探したり道路のタイヤ痕や破片といった証拠を見つけたりして、悪質なドライバーの逮捕に奮闘します。

●交通部の主な部署と仕事 ※警視庁の場合

交通 総務課	交通安全啓発や交通事故の統計など	**交通 捜査課**	交通事故の捜査など（自治体によっては暴走族対策も担う）
交通 管制課	信号機などの整備や道路交通情報の提供など	**交通 機動隊**	白バイやパトカーによる事故防止の指導や違反の取締り、マラソンや駅伝の先導など
交通 指導課	スピード違反や飲酒運転、暴走族といった道路交通法違反の取締りや指導など	**運転免許 本部免許課**	運転免許証の作成、交付など

※このほか交通執行課、駐車対策課、高速道路交通警察隊、運転免許本部試験課などがあります

刑事部　犯罪捜査のエキスパート

　刑事が所属するのは刑事部で、すべての犯罪捜査を担う部署です。殺人・傷害事件だけでなく、詐欺や窃盗、放火、ハイジャックなど、扱う犯罪の種類は多岐にわたり、それぞれ対応する課も異なります。

　暴力団関係を担当する部署を独立させて組織犯罪対策部を設けている警察本部もありますが（警視庁や一部の道府県警察）、原則的には刑事部に組織犯罪対策課（多くは捜査第四課）が設置されています。

　事件が発生したら、まずは所轄の警察官が現場に向かいますが、続いて急行するのは各警察本部刑事部の**機動捜査隊（機捜）**と鑑識課です。

●刑事部の主な部署と仕事

部署	仕事
捜査第一課 （注1）	強盗、殺人、放火、誘拐などの凶悪事件を扱う
捜査第二課	汚職、詐欺、横領、選挙違反などの知能犯罪
捜査第三課	窃盗犯など
捜査第四課 （組織犯罪対策課）	暴力団による犯罪
鑑識課	現場から証拠品の採取、分析
第一〜第三 機動捜査隊	通常パトロールのほか、凶悪事件発生の際は初動捜査にあたる

（注1）警視庁の場合

- **特殊犯捜査係**
  誘拐、ハイジャック、企業恐喝などを扱う
- **火災犯捜査係**
  放火などを扱う
- **特別捜査係**
  未解決事件を担当
- **強行犯捜査係**
  殺人・傷害などの凶悪事件を扱う

※このほか刑事総務課（刑事部全体の庶務）、捜査共助課（全国指名手配担当）、科学捜査研究所（証拠品の、より専門的な鑑定・研究を行う科学捜査のプロ）があります

※小規模な県警察では、第三課、第四課が設置されておらず、第一課が窃盗犯捜査を、第二課が暴力団犯罪を兼ねることもあります

※各所轄警察署にもほぼ同様の業務を担当する「刑事課」があります

生活安全部 地域の安心・安全を幅広い活動で支える

　ストーカーやハッキング事件、マルチ商法や振込め詐欺など、**刑事部が担当しない犯罪・事件を受け持つのが生活安全部です。**1995年（平成7）、防犯部から改称されました。刑事部に比べて、より地域住民の身近で起こる犯罪・事件を扱うのが特徴と言えます。

　近年増加しているサイバー犯罪やストーカー事件などを見据え、警視庁では新たにサイバー犯罪対策課を設け、そして生活安全総務課の中にストーカー対策室を設けています。**警察本部によっては、麻薬などを取り締まる薬物対策課、銃犯罪を取り締まる銃器対策課を設けているところもあります。**

●生活安全部の部署と仕事 ※警視庁の場合

部署	仕事
生活安全総務課	主に地域の生活安全対策を担当　ストーカー対策室／生活安全相談／子ども・女性安全対策班（さくらポリス）
少年育成課 少年センター（都内8ヵ所）	少年に有害な環境の浄化や少年の福祉を害する犯罪の捜査などを担当
少年事件課	少年事件の捜査などを担当
生活経済課	悪質商法や詐欺など金融・経済犯罪を担当
保安課	風俗、賭博、不法就労などを担当
生活環境課	銃刀法関係、危険物質、保健衛生関係を担当
生活安全 特別捜査隊	庶務、指導、資料、情報などを担当
サイバー犯罪対策課	不正アクセスなどサイバー犯罪全般の情報収集、調査、捜査などを担当

組織犯罪対策部　果敢に組織犯罪と闘う

　組織犯罪対策部は暴力団を取り締まる捜査第四課を刑事部から独立させ、生活安全部の銃器と薬物を扱うセクションを統合して設置された部署です。

　組織犯罪対策部が設けられた理由は、**年々犯罪組織の手口が複雑で巧妙、かつ凶悪化しているので、横断的、総合的に取り締まる必要があるからです。**犯罪組織の実態解明を進め、資金源（薬物など）を断つべく、取締りを強化することで犯罪組織の弱体化、ひいては壊滅を目指します。

●組織犯罪対策部の部署と仕事 ※警視庁の場合

組織犯罪総務課 ………………	一般事務のほか、情報管理や犯罪対策の研究、指導など
犯罪収益対策課 ………………	マネーロンダリング（資金洗浄）に関する捜査、取締りなど
国際犯罪対策課 ………………	不法滞在、不法就労など外国人犯罪に関する捜査など
暴力団対策課 ………………	暴力団が関係する犯罪の捜査、取締りなど
薬物銃器対策課 ………………	麻薬・銃器に関する捜査、取締りなど
組織犯罪対策特別捜査隊 ………	旅券やクレジットカード偽造などに関する捜査、取締りなど

警備部　機動隊やSPでおなじみ

　警備部の仕事は通常、「警備・警護」と「公共（国家）の安全と秩序の維持」に大別されます。警備や警護では国内外の要人警護のほか、災害警備、祭礼やイベントの警備などを担当します。公安の仕事としては思想背景のある集団、たとえば過激派や右翼団体、カルト集団（旧オウム真理教など）による反体制運動や無差別テロ・ゲリラ事件の防止、取締り、鎮圧などがあります。

●警備部の主な部署と仕事 ※警視庁の場合

警備第一課 危機管理室 東京国際空港テロ 対処部隊 ……	警備の情報収集などのほか、機動隊とSATが所属
警備第二課 ……	装備や訓練、爆発物対策を担当
災害対策課 …… 特殊救助隊	震災、都市災害の警備を担当
警護課 …… 総理大臣官邸警備隊	国内外の要人警護（SPが所属）
護衛課 …………	皇族の警護などを担当

公安部　国家の安全と秩序を維持する精鋭

　都道府県警察で公安部が設置されているのは警視庁だけです。しかも、ほかの組織とは違って、警察庁警備局の指揮・管理下にあります。つまり、警視庁公安部はその実働部隊という位置づけです。**思想犯や国内外のテロリスト、外国のスパイなどを捜査対象とし、国家の存続を揺るがすような犯罪と対峙しています。**公安部がどんな仕事をしているかはベールに包まれており、捜査方法もかなり特殊です。潜入、暗号、盗聴などを駆使して、CIAなどの情報機関に近い性格があります。ほかの部署との連携はもちろん、情報交換さえ行いません。

●公安部の部署と仕事　※警視庁の場合

公安総務課 …………	公安部内の庶務のほか、カルト教団、市民運動などが捜査対象
公安第一課 …………	極左系過激派担当
公安第二課 …………	労働紛争、革マル担当
公安第三課 …………	右翼団体担当
公安第四課 …………	公安資料、統計の管理および更新など
外事第一課 …………	アラブ、南北アメリカ、ロシア、東ヨーロッパなどを担当
外事第二課 …………	アジア近隣諸国担当
外事第三課 …………	国際テロ集団、中東地域スパイ担当　※アメリカ同時多発テロ事件を機に発足
公安機動捜査隊 …..	爆発物テロ事件、NBCテロ（核物質などの化学兵器、生物兵器などを用いたテロ）などを担当

総務部・警務部　職場環境を整え、人的基盤を強化・充実

　民間企業でいえば、総務や人事、経理にあたるのが警務部ですが、警視庁や神奈川県警察など大規模な警察本部では、総務部と警務部とがそれぞれ独立しています。業務内容は警察活動に関する調査・企画、採用、教育研修、人事異動、昇進、給与、福利厚生、装備品の管理・購入、施設の維持・管理、広報など、実に幅広いものがあります。さらに近年はITの導入による情報管理や犯罪被害者対策などにも力を入れています。

　都道府県警察によって総務部、警務部の部署名や仕事内容は異なりますが、**地域住民にとって身近な存在は会計課と広報課でしょう。**前者は予算や決算などの会計業務以外に遺失物管理を行います。後者は言うまでもなく広報活動を行う部署ですが、地域イベントなどで目にする**警察音楽隊**も所属しています。

●総務部の部署と仕事 ※神奈川県警察の場合

総務課	総務部掌握事務の総合的企画・調査、公安委員会の庶務、文書の管理や審査、情報公開、個人情報の保護など
広報課	警察の広報活動、音楽隊、報道機関との連絡、相談業務など
会計課	予算・決算などの会計業務、警察用物品の管理・購入、遺失物の管理など
施設課	警察施設の設計・管理、警察本部庁舎の維持・管理など
装備課	支給品や貸与品に関する業務、警察装備や車両に関する業務など
留置管理課	留置場の管理業務で、看守が所属
情報管理課	ITを使用した情報管理システムの管理と運用、警察統計など

●警務部の部署と仕事 ※神奈川県警察の場合

警務課	警察運営の企画・調整、職員の採用と人事、警察組織・勤務制度、給与などに関する業務、犯罪被害者支援など
厚生課	職員の福利厚生、健康管理、公舎の運営・管理など
教養課	職員の教養や術科（柔道や剣道、射撃、逮捕術など）訓練に関する業務
監査官室	監察、表彰、懲戒などに関する業務

Chapter 1

警察官の専門常識その1　警察官という仕事

警察官の一日

チェックポイント
- 原則として、週に平均40時間勤務している
- 通常勤務と交替制勤務の内容はどうなっているのか

通常勤務と交替制勤務

　警察官の勤務体制は部署によって、また都道府県によって異なります。警視庁の「通常勤務」（日勤）の場合、勤務時間は朝8時30分から昼食休憩の1時間をはさんで17時15分までの7時間45分、原則として土日が休日です。事務職や本部勤務の警察官、所轄署の課長代理以上の勤務がこれに該当します。

　「交替制勤務」は交番などで適用され、これも都道府県によって異なります。警視庁の場合は午前8時30分から翌日午前8時30分まで（24時間勤務※）の「当番」、その翌日は「非番」となります。ただし非番は週休日として数えません。週の平均勤務時間は40時間で、休日は4週で8日間になります。夜間の宿直勤務、休日（多くは土日）の日直勤務などもあります。

※休憩や仮眠時間を除いた実質16時間程度を勤務時間とみなします

非番の日は休めるか

　通常勤務にしろ交替制勤務にしろ、原則として週平均40時間勤務、4週で8日間の休日を取ることができますが、**大きな事件や事故が発生すれば当然、この限りではありません。**サミット開催やアメリカ大統領の来日などがあれば、非番でも駆り出されるでしょうし、特別捜査本部（帳場）が立てば徹夜が続くこともあります。

交番勤務の警察官のある一日 ※警視庁の場合

6:30	起床　一日の始まりです。
6:45	朝食　寮の食堂で朝食をしっかりとります。訓練前でも食事はしっかりとります。
7:30	早朝術科訓練　道場では健闘と柔道に分かれて練習します。先生の指導の下、上司や同僚と汗を流します。
8:30	出勤　シャワーを浴びたら制服に着替えて出勤です。無線機やけん銃などの装備品を着装します。
9:00	訓授・指示連絡　署長から訓授を受け、担当係長から勤務の支持を受けます。
10:00	交番勤務　非番員と交替します。交番では遺失届・拾得物の受理や地理案内、110番通報等の対応をします。
12:00	昼食　交番勤務中の食事は出前を取ることが多いです。
13:00	パトロール　巡回連絡や地域のパトロールを行います。
16:00	第二当番勤務員と交替　パトロール要望があった地域など、共有すべき事項を各係で引き継ぎます。
17:00	帰署　自転車に乗って帰署します。
17:15	退庁　指示連絡を受けたら第一当番勤務終了です。
17:30	帰寮・洗濯　寮に帰って洗濯や制服のアイロンがけをします。
18:30	夕食　寮で同期や後輩たちと楽しく食事をします。リラックスできる時間です。
21:00	勉強・プライベート時間　テレビを見たり、昇任試験に向けて勉強をします。
23:00	就寝　第二当番に備えてしっかり睡眠をとります。

※上記は、4日に1回の夜勤がある4交替制の1日目（第一当番）の様子。

「第一当番」「第二当番」「非番」「週休」のローテーション ※警視庁の場合

月	火	水	木
8:30〜17:15 第一当番 （日勤）	15:30〜翌10:30 第二当番 （夜勤）	非番 （夜勤明け）	週休 （休み）

金	土	日	月
8:30〜17:15 第一当番 （日勤）	15:30〜翌10:30 第二当番 （夜勤）	非番 （夜勤明け）	週休 （休み）

警察官の専門常識その1　警察官という仕事

警察官に なるためには

常識度
難易度　専門性
実用性　受験重要度

チェック ポイント
- 必ずチェックしたい受験資格、試験制度、試験内容と出題傾向
- 身体要件は都道府県により多少異なるので事前確認を必ずする

必ず確認しておきたい採用情報

　警察官になるためには、国家公務員採用試験か、地方公務員採用試験のいずれかを受験し、合格しなければなりません。国家公務員採用試験は人事院が毎年実施しており、地方公務員採用試験は各都道府県がそれぞれ独自に行っています。地方公務員の場合、学歴による類別(区分)および年齢のほか、身長や体重、視力などの規定がありますが、そういった受験資格は、各都道府県によって多少異なります。受験したい各警察本部の採用情報は事前に必ず確認してください。

　複数の都道府県が共同で採用試験を行う「共同試験」という制度があり、受験者は参加している都道府県警察を併願することができますし、日本各地どこからでも受験できます。警視庁などは男性警察官(Ⅰ類)の試験を年に計3回行うので、第1回が不合格でも再チャレンジが可能です。

採用区分とは?

　採用区分とは、受験条件を満たす学歴や年齢を分類したもので、募集欄にある「Ⅰ種」「A種」「A区分」などの記号で表示されています。ちなみに、大卒の人が高卒の枠を受験することはできません。

警視庁の場合　　※男女共通

Ⅰ類 （A区分）	大卒（見込み）、大卒程度 21歳以上35歳未満
Ⅲ類 （B区分）	高卒（見込み）、高卒程度 17歳以上35歳未満

必要な身体要件

右表内の「おおむね」という表現に注目してください。必ずしもクリアしなければならない要件ではなく、あくまで目安という意味です。たとえ身長が160cm未満でも、熱意や前向きな姿勢、気持ちが評価されることもあります。身体要件も都道府県によって多少異なります。

	男性	女性
身長	おおむね 160cm以上	おおむね 154cm以上
体重	おおむね 48kg以上	おおむね 45kg以上
視力	裸眼視力が両眼とも0.6以上、又は矯正視力が両眼とも1.0以上であること	
色覚	警察官としての職務執行に支障がないこと	
聴力	警察官としての職務執行に支障がないこと	
疾患	警察官としての職務執行上、支障のある疾患がないこと	
その他身体の運動機能	警察官としての職務執行に支障がないこと	

出典：令和4年度警視庁採用サイト

試験内容は?

採用試験は一次試験と二次試験があります。一次試験は教養試験と論作文試験で、二次試験が面接です。面接では、志望動機や将来なりたい職種などが尋ねられます。試験官は人柄を重視するので、ここで自分をしっかりアピールしたいものです。さらに適性検査と身体・体力検査が一次か二次のどちらかに組み込まれています。

第一次試験の例 ※警視庁の場合

筆記試験	
教養試験 （五肢択一式 50問、 2時間）	知能分野： 文章理解、判断推理、数的処理、資料解釈、図形判断 知識分野： 人文科学、社会科学、自然科学、一般科目（国語、英語、数学）
論（作）文試験 （1題、 1時間20分）	課題式の論（作）文試験
国語試験 （20分）	職務に必要な国語力についての記述式試験

採用案内や本部警察のホームページに、過去の出題例を掲載しているところもあるので、事前にチェックして対策を立てましょう。

警察学校の一日

チェックポイント
- 全寮制、徹底した集団行動の警察学校で学ぶこと
- 学校の生活では、なぜ規律や規則を重視するのか

全寮制で身につける「組織行動の大切さ」

　警察官および職員（事務、技術）の全員が、採用後すぐに各都道府県警察の**警察学校**に入り、職務の基礎を学びます。大卒者区分で採用の場合は、6か月、短大・高卒区分での採用者は10か月です。警察学校の多くは郊外の恵まれた環境の中にあり、全寮制です。寮生活でほかの生徒と行動をともにし、警察官としての基本中の基本を叩き込まれるわけです。そして、主に第一線に立つ先輩が、新人たちと寝起きをともにしながら指導にあたります。

　警察学校での生活は、課業（授業）時間は当然として、起床時間、食事時間、入浴時間、自由時間まで決められています。24時間、規則に基づいて活動し、規律が求められます。平日の外出は原則、禁止です。

　規律を重んじ集団行動が要求されるのは、警察官にとって大きな要素である「組織行動の大切さ」を実感させるためです。体育と文化両面で多彩なクラブ活動が用意されていますが（種類は自治体により異なります）、両方に所属することが義務づけられている（警察官のみ）のも、目的は同じです。

知っておきたい用語ガイド

▶**警察学校**

すべての都道府県警察および皇宮警察本部に設置されています。「初任科生」として、警察の現場で働く知識、技量、体力、心構えを習得します。

▶**警察大学校**

警察庁の教育訓練機関。キャリア組は初任研修をここで受けます。都道府県警察の所属でも、「警部」試験に合格した警官など、幹部候補が学びます。

警察学校　一日のスケジュール (例)

6:30	起床
6:40	日朝点呼
7:30	朝食
8:30	ホームルーム
8:50	第1時限授業
10:25	第2時限授業
11:45	昼食・昼休み
12:45	第3時限授業
14:20	第4時限授業
15:55	第5時限授業
18:00	夕食
18:30	自主活動
22:00	日夕点呼
22:30	消灯

出典:千葉県警察ホームページを基に作成

体育クラブ活動の例

- 柔道
- 剣道
- 逮捕術
- 空手
- 卓球
- サッカー
- テニス
- バドミントン
- ラグビー
- バレーボール
- バスケットボール
- ジョギング
- 水泳　など

文化クラブ活動の例

- 華道
- 書道
- 茶道
- ペン字
- 写真
- ギター
- パソコン
- 語学
- 合唱
- 絵画
- 囲碁
- 将棋
- 着付け
- 日本舞踊
- 俳句
- 民謡

など

 MEMO ： **警察学校で学ぶ機会**

　警察学校で学ぶのは、採用直後ばかりではありません。初任科の学生は卒業して警察署に配置された後、再び学校に戻り「初任科補習」を受けます。

　また巡査部長、警部補、警部の昇任試験に合格、あるいはSPなどの専門職に就く際、再び学校 (管区学校、警察大学校を含む) で幹部研修を受けます。

警察官の専門常識その1　警察官という仕事

トレーニングと研修

常識度
難易度　専門性
実用性　受験重要度

チェックポイント

● 警察学校で受ける5分野のカリキュラムとは
● 警察学校で学ぶ「逮捕術」「けん銃操法」とはどういったものか

カリキュラムは座学と実技で構成

　警察学校のカリキュラムは、「一般教養」「法学」「警察実務」「術科」「その他」の5分野にわたります。

　一般教養は国語、英語、心理学やOA実習（パソコン）、そして警察官としてのあり方を学ぶ職務倫理など。法学では憲法、刑法、刑事訴訟法や民法などの理論について学びます。

　警察実務は、今後日常的に行っていく各部門の業務についての授業で、捜査・交通・警備・鑑識など、実務に必要な知識を習得します。

　職務遂行に必要な体力や気力を鍛えるための術科の授業では、体育、柔道・剣道、合気道（女性警察官のみ）に加え、警察業務で重要な「逮捕術」「けん銃操法」「救急法」「けん銃射撃訓練」「自動二輪車運転操法」などを身につけます。このほかに、警察本部見学や交番での実務修習（現場実習）や各種の行事が加わります。

「逮捕術」は総合格闘技

　警察学校ならではの科目といえば、「逮捕術」と「けん銃操法」が最たるものでしょう。逮捕術はいろいろな格闘技の要素が交じり、警棒や警杖も使用し、施錠も行います。いわば総合格闘技と言えます。日本拳法を基本に、警棒術技は剣道を、警杖術技は神道夢想流杖術を基礎とした、日本警察オリジナルの実践格闘技です。

逮捕術は文字通り"逮捕するための技術"で、相手に過剰なダメージを与えることは避けなければなりません。容疑者の攻撃を巧みにかわし、武器を奪い、制圧し、手錠をかけて連行するまでが基本動作になります。警察官自身の負傷を防ぐことはもちろんですが、容疑者を死傷させてしまっては、その後の事件の捜査、さらに裁判そのものへの悪影響になりかねません。

術科訓練では柔道着の上に、剣道に似た面、胴、小手、それから股当てもつけて行います。

訓練内容（例）

- **構え** ……… 徒手の構えや警棒の構えを訓練
- **防御技** …… 離脱技や受け身、身体さばきを訓練
- **打撃技** …… 当て身や投げ、警棒打ち突きなどを訓練
- **制圧技** …… 逆関節技や固め技などを訓練

 MEMO ⋮ **警察学校で取得する資格**

●パソコン検定
パソコンの実習ではワープロソフトや表計算ソフトを学習し、卒業までに全員がパソコン検定を受験します。

●格闘技の初段以上
術科で、全員が履修する逮捕術のほか、柔道、剣道、合気道は選択履修となりますが、卒業までに初段以上の取得が推奨または義務づけられています。

●無線従事者免許
警察官は無線を使って交信しますので、警察学校在学中に無線従事者免許を取得します。

●普通二輪免許
交番勤務にバイクは欠かせません。ただし、警察学校内では取得できない免許ですから、教習所に通うことになります。

はじめて「けん銃」に触れる

けん銃は、警察学校に入ってはじめて触れるもの。すべての警察学校にけん銃射撃場がありますが、だからといって、**けん銃操法の授業ですぐ実射訓練に入るわけではありません。**

「けん銃は人に向けるな」という戒めから始まって、警察官がけん銃を使用できる法的な根拠、どんな場面なら使用できるのか、けん銃を扱うとはどういうことか、その危険度、銃の性質など、映像を交えて、まずは座学でしっかりと学びます。

実技もけん銃の手入れ方法や構え方、弾丸の着脱方法、射撃の際の基本姿勢、弾丸を込めないままで照準を合わせる訓練や、空打ちを何か月にもわたって実践し、まずは模擬弾を使用し、その後にやっと実弾を使っての射撃に入ります。

現在では映像シミュレーターが導入され、けん銃の使用の適否を瞬間的に行う訓練に活かされています。映像シミュレーターは、特殊な素材でつくられた画面に、実際の事件の現場で発生する可能性の高い場面が映し出されるものです。これにレーザー光線を発射し、どのような場面でけん銃を使用するのか、あるいは使用してはいけないのかを体得していきます。固定された標的への発射訓練にプラスして状況判断の訓練をすることで、さまざまに変化する状況への対応能力を培うことができます。

 MEMO ： **けん銃の取扱いについて**

「警察官等けん銃使用及び取扱い規範」は、「あらかじめけん銃を取り出しておくことができる場合」「けん銃を構えることができる場合」など、細かく警察官のけん銃の取扱いについて定めている規則になります。

研修の山場「実務修習」

入校して半ば頃（大卒者で3か月、短大・高卒者で5か月）になると、所轄の警察署に派遣され、2週間の「実務修習」を行います。制服、制帽姿となり、けん銃（弾丸はなし）も貸与されます。見た目には一人前の警察官です。

先輩と一緒に交番に立ち、**地理案内や職務質問、交通取締りなど、入校中に学んだことを、実際の勤務を通じて学習します。この間、先輩の警察官にマンツーマンでの指導を受けます。**

はじめての実践は、多くの学生にとって初任科研修で特に緊張する場面になりますが、同時に警察官であることを実感し、残りの警察学校でのカリキュラムへの期待が、もっとも高まるときでもあります。

警察学校を卒業後、多くの人が実務修習を、学校時代の一番の思い出に挙げるのも、うなずけるでしょう。

警察学校の授業は、授業料を支払って受けるものではありません。警察官として給与を受け取りながら受けることとなります。学生ではありますが、すでに一人の警察官であるという自覚をしっかり持つ必要があります。

 MEMO ┊ **技より体力**

柔道、剣道が未経験でも、術科の授業についていけるかという不安は無用です。すべてのカリキュラムが、素人であることを前提に組まれているからです。とはいえ、警察学校では体力練成や訓練も多いので、基礎体力は入校前に養っておくほうがいいでしょう。それに、体力検査では、例外なく腕立て伏せと腹筋運動が実施されます。

●達成目標
腕立て伏せ
→40回程度

腹筋運動
→30回程度

給与／昇任制度

**チェック
ポイント**

● 若干高めに設定されている警察の給与と充実した手当
● 警察官は試験により昇格していく

地方公務員の中でも厚遇される給与

　大多数の警察官は地方公務員なので、**給与は各都道府県の規定により異な
ります**。しかし、公安職であり、危険を伴う職務のため、ほかの職種より若
干高めに設定されています。例として以下に、ある年の宮城県警察の給与を
紹介しています。

※令和3年10月現在

大学新卒者	短期大学新卒者	高等学校新卒者
217,100円	196,000円	181,300円

このほか条件に応じて扶養手当、住居手当、通勤手当が支給されます。また、業務に応じて、交通取締り・
警らといった、特殊勤務手当も支給されます。賞与は年2回（年間約4.45か月分）支給されます。

昇任試験合格が出世の道

　警察官の昇任制度は、採用当初は学歴が影響するものの、**努力と実力次第
の能力主義**です。具体的には警察庁のキャリアを除く全員が、昇任試験に合
格することで、警部補まで一つずつ階級（P.29を参照）を上げていきます。
大卒なら実務経験1年（高卒は4年）で、巡査から巡査部長への昇任試験を
受けることができます（巡査から巡査長へは勤務成績などにより昇進）。

警察活動を支える事務職・技術職

　一般企業でいう総務部や経理部の仕事を担う事務職員や、鑑識業務や通訳、OAシステムの管理など多岐にわたる技術職員の給与も、各自治体で規定されています。基本的には一般の地方公務員採用と同一と考えていいでしょう。警視庁を例にすると、I類の場合の初任給は約220,400円です※。各種手当やボーナスは警察官と同じです。専門職が含まれますから、**学校卒業後の職歴を加算する規定も用意されています。**

　昇任試験を課すところが多数派ですが、選考のみで昇格させるところもあり、昇任制度および役職名は全国で統一されている警察官と違い、都道府県によって異なります。

※令和4年1月1日現在の給料月額に、地域手当（20%）を加えたもの（100円未満切り捨て）

● 警察事務職の役職名と仕事　※神奈川県警察の場合

主事　警察本部・警察署において、係員として事務を処理します

主任主事　警察本部・警察署において、指導的立場で事務を処理します

主査　警察本部・警察署において、主任的立場で部下を指揮監督し、事務を処理します

副主幹　警察本部の係長、警察署の会計係長として部下を指揮監督し、事務を処理します

主幹　警察本部の課長補佐、警察署の会計課長として部下を指揮監督し、事務を処理します

専任主幹　警察本部の課長および課長代理、警察署の会計担当次長として部下の指揮監督にあたります

 MEMO ┊ **警察官の手当**

　手当がしっかりしているのは、さすが公務員です。手当の例を挙げると、刑事や鑑識など専門的な知識や技能を要求される勤務では「特殊勤務手当」、けん銃を使用した犯人の逮捕なら「銃器犯罪捜査従事手当」、このほか「宿直手当」「夜間緊急招集手当」があり、もちろん残業代である「超過勤務手当」も支給されます。

警察官の専門常識その1　警察官という仕事

福利厚生・キャリアデザイン

常識度
難易度　専門性
実用性　受験重要度

チェックポイント

● 大組織ならではの福利厚生の充実度
● 注目したい育児支援制度と再任用・非常勤職員制度

生活の基本からレジャーまで

　職務では常に緊張を強いられる警察官だけに、ほかの公務員職と比べても、福利厚生が充実しています。

● 住環境

全寮制の警察学校を巣立った後も、ワンルームタイプの独身寮から新婚夫婦のための2人用、4人以上の家族用まで、マンションタイプの住宅が低料金で利用できます。希望者は、ほぼ全員が入居可能です。

● 休暇

年次有給休暇はもちろんのこと、夏季、慶忌、結婚、出産、育児の各休暇に加え、最近では介護休暇やボランティア休暇まで導入され、休暇の種類は10を超えています。しかも、これらの休暇を有効に活用できるよう、リフレッシュ休暇制度まで設けられています。

● オフタイム

特約を結んでいるホテル、旅館、レジャー施設のほか、警察共済組合の直営保養施設が全国にあります。職員互助組合が会員制リゾートホテルなどの会員権を取得しています。

知っておきたい用語ガイド

▶ 警察共済組合

警察職員およびその家族の生活安定と福祉向上に貢献し、公務の能率的運営に資することを目的として設立されています。病気や負傷時、休業しなくてはならなくなったときの給付や、宿泊保養施設の経営、日常生活用品の通信販売などの事業も行っています。

希望の職種も夢ではない

　学歴や性別で差別されることがなく、実績を積んで昇任試験に合格すれば、誰でも昇進の機会が与えられています。何より、熱意と努力次第では、自分の特技や能力を活かした希望の職種に就ける可能性がある警察の世界。異動希望を調査する自己申告制度があります。

　また、希望を叶えるための各種研修制度や、特殊な知識、技能を習得するための外部での学びをフォローする研修補助制度が設けられています。

● 一般研修
階級に見合う知識の習得、また人格形成のために、必要に応じて行います。

● 語学研修
グローバル社会に対応するため、英語のほか中国語、韓国語、スペイン語などを話せる警察官を養成します。民間の外国語学校を利用することもあります。

● 海外研修
アメリカや韓国などで、現地の習慣、治安状況について研修するとともに、語学を学びます。

● 術科講習
警察官に必要な逮捕術、けん銃操法、救急法などの技能の向上を目指します。

充実した育児支援と、定年後の勤務

　多くの警察で、警察官やその家族が抱える悩みごとの相談を受け付ける「職員相談制度」や、特に介護問題に対応する「介護相談窓口」などを開設しています。働く女性にとって心配な仕事と育児の両立も、公務員、そして公安職ならではの配慮で、充実した制度が設けられています。ライフプランの支援として、将来を見据えた生活設計のための研修も取り入れられています。

● 育児支援制度
出産、育児支援として、子どもが満3歳になるまで男女を問わず育児休業が認められる制度です。男性が取得できる「育児参加休暇」もあります。

● 再任用・非常勤職員制度
定年後も引き続き警察職員として勤務する「再任用制度」や、「交番相談員」「生活安全相談員」など、警察業務をサポートする「非常勤職員制度」を選択することができます。

理解度チェック問題

問1 カッコ内に適当な語を入れて文章を完成させなさい

❶ 警察の役割は（　　　　　）と社会の2つの安心・安全を守ることにある。

❷ 警察の組織は大きく、国の機関である（　　　　　）と都道府県ごとの都道府県警察に分かれる。

❸ 警察官の採用試験は一次試験の教養試験と（　　　　　）試験、二次試験の面接がある。

❹ 警察職員の総数は、おおよそ（　　　　　）万人である。

❺ 全国で毎年、（　　　　　）人以上の女性警察官が誕生している。

❻ 現役警察官の階級は、（　　　　　）、巡査部長、警部補の3つが多数を占めている。

❼ 警察官の昇進は、（　　　　　）まで昇任試験に合格することで階級が上がる。

❽ 朝礼などで唱和する、警察職員が国民の信頼に応えるための戒めを（　　　　　）の基本という。

❾ 警察庁の総合職で採用された者が、警察大学校を卒業し交番勤務に就く際の階級は（　　　　　）。

問2 警察官の階級を示した図のうち、空欄を適当な語で埋めなさい

巡査→巡査部長→警部補→警部→（　❶　）→警視正→（　❷　）→警視監→警視総監

答え

問1 ❶国民 ❷警察庁 ❸論作文 ❹26 ❺1000 ❻巡査 ❼警部 ❽職務倫理 ❾巡査部長
問2 ❶警視 ❷警視長

問3　以下の文章で正しいものに○、間違っているものに×を記しなさい

❶ 警察官の採用試験は、受験者の本籍地のみで受けられる。

❷ すべての警察官は国家公務員である。

❸ 男性は165cm以上、女性は160cm以上の身長がないと、警察官の採用試験を受けられない。

❹ 学歴の差は絶対で、階級で高校卒が大学卒を追い抜くことはない。

❺ 警察には容疑者逮捕などのため、強い権限が与えられているが、この権限は国民に負託されたものである。

❻ 警察庁は都道府県警察を指揮監督するものの、都道府県警察は、それぞれ独立した組織である。

❼ 警視庁のトップは警視庁長官である。

❽ 警察学校を卒業したら、まず交番勤務に就く場合がほとんど。

❾ 交番勤務の警察官は、捜査には一切関わらない。

❿ 警察学校では、多彩なクラブ活動が用意されている。

⓫ 要人警護は警備部の仕事である。

⓬ 警視庁公安部は皇居の警備を担当する。

⓭ 殺人や強盗など凶悪犯罪を担当するのは捜査第一課である。

⓮ 警察官と事務職員・技術職員の給与や待遇は、まったく同一である。

⓯ 警察官の勤務は不規則の場合もある。

答え

問3 ❶ × ❷ × ❸ × ❹ × ❺ ○ ❻ ○ ❼ × ❽ ○ ❾ × ❿ ○ ⓫ ○ ⓬ ×
⓭ ○ ⓮ × ⓯ ○

カッコ内に適当な語を入れて、警察の組織に関する以下の文章を完成させなさい

❶ 警察庁の職員は（　　　　）公務員であり、都道府県警察は（　　　　）公務員である。

❷ 警察庁長官の上位には国家（　　　　）、都道府県警察本部の上位には都道府県（　　　　）という組織がある。

❸ 国家公務員採用試験に合格して警察庁に採用された（　　　　）候補生は、警察大学校を経て交番勤務に就く。

❹ 警察庁の内部部局が最終決定権と都道府県警察の指揮権を持つことで、上層部への（　　　　）の集中を防いでいる。

❺ 各警察本部の下に（　　　　）があり、明確に規定された地域内の初動捜査を担当する。

❻ 交番および（　　　　）は、所轄署が担当地域に設置する詰め所で、所轄署の地域課に所属する。

問5 以下の文章から、都道府県警察の基本となる部署名を答えなさい

❶ 福利厚生や人事などの管理部門。

❷ 思想的背景のある犯罪を扱う。

❸ 住民の安全を守る。

❹ 免許証の発行や交通違反を取り締まる。

❺ 地域の犯罪予防を担当する。

答え

問4 ❶ 国家　地方（警視正以上は国家公務員）　❷ 公安委員会　公安委員会　❸ 幹部
❹ 警察権力　❺ 所轄署　❻ 駐在所
問5 ❶ 警務部　❷ 警備部　❸ 生活安全部　❹ 交通部　❺ 地域部

問6	カッコ内に適当な語を入れ、警察学校に関する以下の文章を完成させなさい

❶ 警察庁総合職採用試験合格者は（　　　　　）に入校し初任研修を受け、ほかの多数は警察学校に入校する。

❷ 初任科生として警察学校で学ぶ期間は、大卒で（　　　　　）、短大・高校卒で10か月である。

❸ 警察学校のカリキュラムは一般教養、法学、警察実務、（　　　　　）、その他の5分野である。

❹ 警察学校が規律・規則を重んじるのは、（　　　　　）を実感させるためである。

❺ 逮捕術は、相手にダメージを与えるのではなく、（　　　　　）をかけて連行することを目的としている。

❻ （　　　　　）の導入により、けん銃操作の訓練がレベルアップされた。

❼ 入校して半ば頃、先輩と一緒に（　　　　　）で勤務する実務研修がある。

問7	以下のア〜エの文章で、間違っているものはどれか答えなさい

ア 公安職である警察官は、ほかの公務員より厚遇されている。

イ グローバル社会下で、警察でも外国語の習得が求められている。

ウ 育児休暇は男女ともに制度が設計されている。

エ 定年退職後の交番相談員などは、無償のボランティアである。

答え

問6 ❶ 警察大学校　❷ 6か月　❸ 術科　❹ 組織行動の大切さ　❺ 手錠
　　❻ 映像シミュレーター　❼ 交番
問7 エ

警察官インタビュー②

Q.
知識以外に、身につけておきたいことはありますか?

Dさん

特にどの資格を取らなくてはいけない、というものはありません。それに、何をしたいかによって、取得するべき資格が変わってきますので。たとえば、語学が得意なら、通訳という道が開けますので、語学関係の資格や試験に挑戦してもいいかもしれません。ただ、強いて言うならば、普通二輪免許は必須なので、取得しておくといいです。持っていない人は普通二輪免許を取りに行くことになります。

警察の術科には剣道や柔道などがあります。私は学生のうちから剣道をやっていましたが、もっと上達していれば、昇段が少しでも楽にできていたのかなと思いました。学生で剣道や柔道をやっている人は、今のうちにさらに鍛錬を積んでおくことをオススメします。

Eさん

Fさん

きちんとした言葉づかいやあいさつといった、社会人ならば当然のようにできていなくてはいけないことでしょうか。人と接することが多い仕事ですし、署内などの廊下で人とすれ違うときにも、「おつかれさまです!」と必ずあいさつします。不自然な言葉づかいにならないように、事前に慣れておくといいでしょう。

CHAPTER

2

警察官の専門常識その2

警察官の活動

パトロールや捜査、災害派遣や広報など、警察官の仕事は実に幅広いものです。どんな犯罪や問題があり、それに対して警察はどのように対応しているのかなど、実際の警察の活動をこのChapterで見ていきましょう。

警察官の活動を詳しく見ていくことで、自分の将来の姿がよりイメージしやすくなります。何より、警察官への知識が深まります。

警察官の専門常識その2　警察官の活動

警察官の仕事

常識度
難易度　専門性
実用性　受験重要度

**チェック
ポイント**

● 警察官の仕事には具体的にどのようなものがあるのか
● 警察官ならではの権限で、何ができるのか

役割と権限を知ることから仕事ははじまる

　警察の活動は、主に**パトロール**、**地域の安全**、**犯罪捜査**、**交通安全**、**災害警備**などに分けられます。事故・事件がないからといって、仕事がないわけではないのです。パトロールや地域の安全、交通安全など事故・事件が起こらないよう常に警戒しています。万が一、事故・事件が起きても的確に対処できるよう日頃から訓練を怠ることはできないのです。一方、こうした事故・事件に対して「職務上の危険または責任を回避してはならない」といった服務規定もあります。警察官一人ひとりの日々の活動の積み重ねにより、私たちの暮らしは守られているのです。

　警察官には**司法警察権**があり、**犯罪の捜査**、**被疑者の取調べ**、**逮捕**、**武器の使用**、**職務質問**ができます。犯罪捜査や被疑者の逮捕などの職務は誰もができるわけではなく、法律で定められた司法警察権を持つ者だけがその権限を行使できます。

知っおきたい用語ガイド

▶ **災害警備**

災害が起きた際の救出や救助などは決して自衛隊や消防だけの仕事というわけではなく、警察の仕事でもあります。救出や救助以外にも、交通規制や避難誘導なども行います。

▶ **武器の使用**

警察法第67条により小型武器を使用することができます。ただし、その扱いは厳重に規制されています。

警察官の仕事

- パトロール
- 地域の安全
- 犯罪捜査
- 交通安全
- 災害警備

- 総務・警務
- 広報
- 留置管理
- 学校教官
- など

警察官に与えられた権限

- 犯罪の捜査

- 被疑者の取調べ

- 令状を取り、被疑者を逮捕する

- 武器の使用
  犯人制圧のため、自己もしくは本人を守るため小型の武器を使用できる。

- 職務質問
  罪を犯し、また犯そうとし、なされた犯罪について事実を知っていそうな者を呼び止めて質問ができる。

 MEMO ： 警察官と探偵の違いは？ ─司法警察権の話

　テレビドラマにはよく警察官と探偵の両方が登場しますが、実際の活動や違いは何でしょうか？

　大きな違いは警察官には司法警察権があり、探偵（一般人）にはないことです。たとえば証拠を集め、「この人が犯人です」と警察官以外の人間が犯人を裁判所に直接訴えることはできません。裁判所に犯人を訴えることができるのは、警察官や検察官といった司法警察権を持つ者だけに限られているからです。探偵ができるのは、あくまでも「この人が犯人です」と言って警察に証拠を提出したり、情報提供することくらいです（現行犯逮捕は誰でもできます）。ただし、浮気調査といった民事には、警察は介入できません（暴力団などを除く）。

警察官の専門常識その2　警察官の活動

犯罪抑止の ための対策

常識度
難易度　専門性
実用性　受験重要度

チェック ポイント

● 警察が取り組む犯罪対策にはどういったものがあるのか
● 重点犯罪対策ではどんなことが行われているか

犯罪のない安全な社会を目指して

　現在の日本では、昔と比べて犯罪の数は増えているのでしょうか？　それとも減っているのでしょうか？　戦後、刑法犯の認知件数は増え続けていましたが、2000年代後半頃から減少に転じています。しかし、依然として発生件数は多く、マスコミで殺人事件など凶悪犯罪を報じない日はないといえます。また体感治安が悪化していると考える人も多くいます。このため警察では、犯罪から住民を守るために多くの対策を講じてきました。その代表的なものが警視庁の「重点犯罪への取り組み」です。中でも特殊詐欺といった振り込め詐欺被害は最悪な状態を更新し続けているため、被害予防に全国の警察が総力を挙げて取り組んでいます。

　犯罪抑止対策のため、警察はあらゆる機関と連携をとっています。振り込め詐欺に対しては金融機関などと連携し、声かけをしたり、ほかにも自治体と連携して街頭防犯カメラを設置したりしています。たくさんの協力があってこその犯罪抑止であることも忘れてはいけません。

知っておきたい用語ガイド

▶ **刑法犯**

刑法など法律に規定される殺人・強盗・強姦・放火・窃盗・暴行傷害などの犯罪を指す。刑法犯から交通事故関連の犯罪を除いたものを一般刑法犯と呼ぶ。

▶ **体感治安**

統計に基づかない、人々が日常で感じる治安の良し悪しのこと。

警察が取り組んでいる重点犯罪対策

● 7つの重点犯罪

特殊詐欺、ひったくり、侵入窃盗、強盗、自動車盗、性犯罪、子どもに対する犯罪

● 犯罪が起きにくい社会づくり

- 特殊詐欺防止キャンペーンなど広報。また行政、民間企業、地域などと連携し、犯罪や手口、被害例などを周知させる
- 街頭防犯カメラの設置
- 地域住民や若者への防犯ボランティア活動の呼びかけ
- 駅構内における粗暴事犯防止対策。鉄道事業者と協力して、駅構内や電車車両内における暴力や痴漢などの犯罪を防ぐ
- 自転車利用者の交通ルールの徹底、マナー向上を促す

● 学校と連携した対策

地方都市では、特に重点的な対策として、子ども・女性への犯罪を防ぐ取り組みが行われています。学校と連携し、不審者情報や性犯罪防止といった対策が多く講じられています。

(例) 神奈川県の「学校警察連携制度」
→県内の県立学校に在籍する児童や生徒を対象としている。学校と警察が連携することで、非行の悪化や被害の発生を未然に防いだり、違法行為などをしてしまった者の早い段階での学校復帰や、立ち直りのためのより効果的な指導を行ったりしている。

 MEMO ┊ **子どもを犯罪から守れ！**

　子どもが巻き込まれる犯罪は依然として多いのが実情。子どもを犯罪から守るための対策はいろいろありますが、「イカのおすし」という言葉をキャッチフレーズにした安全講習会が盛んに行われています。子どもが被害にあわないための5つの約束事を合言葉にしたものです。

イカ ➡ いかない（知らない人について行かない、危険なところに行かない）
　の ➡ のらない（知らない人の車に乗らない、知らない人の誘いにのらない）
　お ➡ おおごえでさけぶ（危なかったら、あるいは、怖かったら大声で叫ぶ）
　す ➡ すぐにげる（人のいるところや近くの家にすぐ逃げる）
　し ➡ しらせる（まわりの大人に知らせる）

警察官の専門常識その2　警察官の活動
110番通報と
ダイヤル#9110

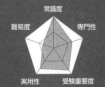

常識度
難易度　専門性
実用性　受験重要度

**チェック
ポイント**

● 110番通報からの警察の動きはどうなるのか
● ダイヤル#9110ではどういったことに対応しているのか

事件・事故は110番、悩みや心配事は#9110

　事件や事故を見かけたら**110番通報**をします。110番通報は年々増え続け、最近では東京都だけでも年間約184万件、約17秒に1件の割合で受信されている計算となります。

　通報は最寄りの通信指令センターにつながり、そこで警察官が対応します。このとき、指令センターでは通報を聞きながら、リアルタイムで警察署や巡回に出ているパトカーなどに無線で手配をします。携帯電話からの通報であれば、現場を正確に示す標識など目標物を通報者に確認することも大切です。また運転中であれば、直ちに車を停めることも大切です。

　増え続ける110番通報ですが、緊急性の低い要件やいたずら電話が多いことも悩みの種です。対策として、子どもの非行や**ストーカー・DV**被害の相談や緊急性の低い悩み事に対しては、**警察相談ダイヤル#9110**が対応します。#9110のボタンを押せばかかる相談窓口です。ほかにも言葉や聴覚に障がいがある人が通報する際の、FAX110番、メール110番があります。

知っておきたい用語ガイド

▶ **ストーカー**

特定の人につきまとう人をさしその行為をストーカー行為と呼びます。2000年（平成12）にストーカー規制法が施行され、警察でも対処可能になりました。

▶ **DV**

DVとは、ドメスティック・バイオレンス（Domestic Violence）の略で、家庭内や恋人同士における暴力行為をさしています。

110番通報の仕組み

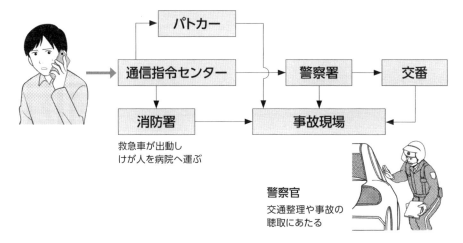

救急車が出動し
けが人を病院へ運ぶ

警察官
交通整理や事故の
聴取にあたる

● 110番通報に対応する警察官が尋ねること

- ●事件ですか？　事故ですか？（ひったくり、喧嘩、交通事故など）
- ●それはいつのことですか？（○時○分ごろ、今から○分くらい前など）
- ●場所はどこですか？（○市○丁目、標識、目立つ建物、商店、交差点や橋など）
- ●どのような事件[事故]ですか？（被害の様子、けがの程度など）
- ●犯人は？（人数、人相、服装、車、逃走した方角など）
- ●あなたのお名前は？（事件や事故との関係、住所、電話番号なども）

● 警察相談ダイヤル#9110

事件・事故以外の緊急性の低い事柄に対応します。受け付けは平日の日中のみで通信料が別途かかります。

● ほかにもある悩み事相談電話（警視庁の例）

- ●ヤング・テレホン・コーナー（子どもの非行相談、子どもや若者からのいじめなど悩み事相談）
- ●性犯罪被害相談電話（ハートさん）
- ●銃器薬物ホットライン
- ●暴力ホットライン（暴力団などによる暴力行為の悩み事）
- ●行方不明者相談
- ●交通に関する相談
- ●犯罪被害者ホットライン（全国の警察にも同様の相談窓口があります）
- ●外国人専用相談
- ●サイバー犯罪相談窓口

警察官の専門常識その2　警察官の活動

少年非行と健全育成

常識度　専門性　難易度　実用性　受験重要度

**チェック
ポイント**

● 少年非行には主にどういったものがあるのか
● 非行少年の健全育成策では何が行われているか

少年非行を防ぐには、情報交換などの連携が重要

　刑法でいう**少年犯罪**の検挙数は、2012（平成24）年は年約6万5千件でしたが、2020（令和2）年には約1万7千件と、戦後最低を更新しています。ですが、社会をさわがす少年（未成年）による凶悪犯罪はまだ後を絶ちません。

　少年犯罪には生活安全部の少年課が対応します。警視庁では少年課は「少年育成課」と「少年事件課」の2つに分かれており、「少年育成課」は防犯が主目的で、**深夜徘徊や喫煙、家出など補導や保護、健全育成のための就労・就学支援、講演活動、児童ポルノ取締り、有害図書指定**などを行っています。「少年事件課」は捜査を担い、少年による凶悪事件の場合は刑事部と連携することもあります。

　いずれにせよ、**少年非行を防ぐには、警察だけでなく、学校・家庭・地域との連携が重要**なことは間違いありません。

知っおきたい用語ガイド

▶ 少年

法令がさす「少年」は一般的に20歳未満の男女のことです。詳しくは、P.104の「少年法」を参照してください。

▶ 非行

法律や社会に違反した行為。これを犯した少年を非行少年と呼びます。なお、犯少年とは罪を犯すおそれのある少年をさします。

少年非行の実態

	総数[人]	凶悪犯	粗暴犯	窃盗犯	知能犯	風俗犯	その他
2012年（平成24）	65,448	836	7,695	38,370	962	566	17,019
2020年（令和2）	17,466	522	3,060	9,222	731	400	3,531

※出典：警察庁の資料を基に作成

健全育成の取り組み

● 非行少年を生まない社会づくり

- 少年警察ボランティアなど清掃活動、福祉施設訪問、就労・就農体験など
- 巡回カーによる学校訪問（薬物乱用防止など）
- 地域や学校、関係機関との連携協力（講演会、街頭補導・繁華街の見回りなど）
- 「STOP！ 児童ポルノ・情報ホットライン」などの相談窓口の開設

● 有害環境の浄化

- 「フィルタリング（違法・有害情報の閲覧の制限）」の普及促進活動
- 悪質な性風俗店の取締り
- 深夜営業店舗への立入り　など

 MEMO ： 少年事件の処分

　少年事件の処分の、主なものを紹介します。

保護観察決定
施設に入所させることなく、社会の中で生活させながら更生をはかります。

少年院送致決定
再非行を犯すおそれが強く、社会での更生が難しい場合、少年院に収容して矯正教育を受けさせます。

児童自立支援施設等送致決定
低年齢の少年について、開放的な福祉施設で生活させることを認める決定です。

知事又は児童相談所長送致決定
18歳未満の少年について、児童福祉機関に指導をゆだねる決定です。

警察官の専門常識その2　警察官の活動

2

63

警察官の専門常識その2　警察官の活動

犯人の検挙と事件解決

常識度
専門性
難易度
受験重要度
実用性

チェックポイント
- 日常的に起こる事件や事故をどう暴いているのか
- 捜査で行われる取り組みにはどんなものがあるのか

国民の期待と信頼に応える捜査活動

事件や事故は毎日起こります。令和元年の東京都では、10万件以上もの刑法犯事件が起き（交通事故を除く）、その**検挙率**は殺人95.3%、強盗98.4%、空き巣などの侵入窃盗84.9%でした。

こうした犯罪に対し警察は果敢に取り組んでいます。**捜査は通常、事件発生の通報や被害届からはじまり、犯行現場での遺留品・証拠品の捜索、関係者への聞き込み、捜査会議などを繰り返して被疑者に迫ります。**これらはテレビドラマのような派手さはなく、地道で根気のいる作業です。被疑者が浮上し、容疑が固まると**逮捕**になります。しかし、逮捕すればそれで解決というわけでは決してありません。逮捕後、身柄は検察に送致され起訴するかどうかが決められます。起訴となれば裁判所での判決が待っているのです。

知っておきたい用語ガイド

▶ 検挙率

有罪が確定した事件を認知件数（警察など捜査機関が犯罪と把握した件数）で割った数値です。高いほど犯人を捕まえられたと言えます。犯人を割り出し被疑者とすることを、「検挙」と言います。

▶ 被疑者

警察から疑いを受けているものの、まだ起訴されていない者をさします。容疑者とも呼びます。これに対し被告人は起訴されたが判決が下されていない者をさします。

▶ 逮捕

逮捕には通常逮捕・緊急逮捕・現行犯逮捕の3つがあり、いずれも逮捕後48時間以内に警察から検察に身柄が引き渡されます。

事件発生から検挙・解決までの流れ（起訴のとき）

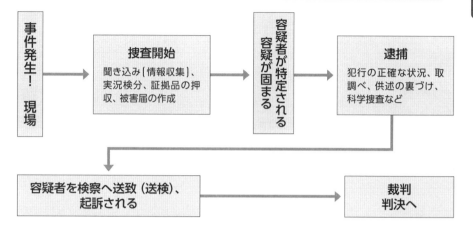

事件発生！現場 → **捜査開始** 聞き込み〔情報収集〕、実況検分、証拠品の押収、被害届の作成 → 容疑者が特定される 容疑が固まる → **逮捕** 犯行の正確な状況、取調べ、供述の裏づけ、科学捜査など

↓

容疑者を検察へ送致（送検）、起訴される → **裁判 判決へ**

犯人検挙に向けた取り組み

- 的確・迅速な臨場（現場到着）─初動捜査対応訓練など
- 的確・迅速な現場保存
- 犯人制圧─初動措置訓練など
- 最新の科学捜査技術の開発・確立
- 広報、ホームページでの公開捜査、被疑者の顔写真公開、情報提供の呼びかけ
  など

 MEMO ⋮ **「事件解決」への素朴な疑問**

Q1 警察と検察の役割の違いは？

A1 警察は事件の捜査・犯人検挙が目的ですが、犯人かどうかは裁判所が判断します。被疑者を犯人であるとして、裁判所に訴える（起訴する）のが検察（検事）の役割と考えておくとよいでしょう。

Q2 なぜ裁判に検察（検事）が必要なの？

A2 被疑者を捕まえる人と、裁判に訴える人を別にすることで、その被疑者が本当に罪を犯したのかどうか、冷静に考えることができるからです。

警察官の専門常識その2　警察官の活動

真相究明
（科学捜査）

常識度
難易度　専門性
実用性　受験重要度

チェック ポイント

● 科学技術を用いた捜査にはどんなものがあるのか
● 目視だけではわからない証拠とは

科学を武器に真相を究明する

　科学捜査とは、科学的手法を用いて事件・事故の原因・犯人を追及する手法です。犯罪が人間によって行われるものである以上、現場には必ずその痕跡（犯人の行動、被害者との関連を裏づける**物証**）が残されています。**科学捜査とは、最新の科学技術を用いて、事件・事故の科学的立証をはかること**なのです。

　科学捜査は主に生物（法医学）・化学・物理・情報・心理の5分野に分けられ、警察庁の科学警察研究所や警視庁の科学捜査研究所などがあたります。

　科学捜査に先立ち重要なのが、現場における**鑑識活動**です。鑑識課員は事件・事故が発生すると直ちに現場に向かい、指紋やDNA型資料などを採取します。また、警察犬も鑑識活動において重要な役割を担っていて、犯人に結びつく資料の捜査などに活躍しています。これに加え、警察では常に最新技術の開発に取り組み、捜査に活かしています。

知っおきたい用語ガイド

▶ **物証**
物的証拠の略で犯罪を立証するに十分なもののこと。犯人や被害者の遺留品・遺留物など。

▶ **鑑識**
指紋や血痕など物証の真否を見分けることです。

科学捜査の主な分野

生物（法医学）
- 体液（血液・だ液など）、骨格などの分析、DNA型の鑑定
- バイオテロなどに備えた微生物や病原菌の分析

化学
- 覚せい剤や麻薬など薬物や毒物、産業廃棄物、塗料の破片などの検査・分析

物理
- 銃器・爆発物の鑑定
- 火災原因の分析

情報
- 偽造文書・偽札・印影・筆跡などの　分析・鑑定
- 声紋などの音声分析

心理
- ポリグラフ（うそ発見器）を使った鑑定
- 犯罪心理の研究

鑑識捜査の主な手法

- 指紋・足跡・血痕・体液［だ液など］・毛髪・皮膚・その他DNA型などの採取
- 似顔絵による捜査
- 警察犬による臭気選別
- 塗料など付着物の捜索
　など

 MEMO ： **似顔絵捜査員になるには「聞き取る力」が必要**

　科学捜査が主流の現在ですが、似顔絵も根強く活用されています。警視庁では「似顔絵捜査員（似顔絵技能員）」の養成講座があり、部署・自薦他薦を問わず絵の得意な警察官が受講します。大切なのは「聞き取る力」で、目撃者や被害者から犯人の特徴をいかに聞き出すかが腕の見せどころです。現場で作成した似顔絵を警察官が覚えており、後に職務質問で逮捕に至ったなど、たくさんの事例があります。

警察官の専門常識その2　警察官の活動

犯罪組織との対決・対策
（暴力団・国際犯罪組織・銃器薬物）

常識度
専門性
難易度
受験重要度
実用性

チェック ポイント
● 犯罪組織にはどういった種類があり、どのように対策しているのか
● 警察はどのように行政や地域と連携しているのか

安全・安心な社会をつくるために

　犯罪組織とは、暴力を背景にした不法行為で成り立つ集団のことで、主に**暴力団**や**国際犯罪組織**のことです。これらは「みかじめ料」（監督や、取締り料）などの徴収、売春の斡旋、けん銃や麻薬などの取引、賭博の開帳、発砲などの凶悪な行動をとり、地域社会を脅かしています。

　警察では**行政や地域との連携**を含め、暴力団・国際犯罪組織・銃器薬物といった犯罪組織に重点をおいた対策をとっており、安全・安心な社会の構築に努めています。暴力団対策法をはじめ、自治体でとられる暴力団排除条例や追放キャンペーンは、その成果の一つと言えるでしょう。また、法務省など、ほかの省庁行政機関とも連携し、密入国や不法滞在者の摘発といった活動も行います。

知っておきたい用語ガイド

▶ 暴力団

不法行為以外にも企業を隠れみのにした経済活動、マネーロンダリング、倒産の整理、交通事故の示談、生活保護の不正取得などあらゆる形で地域社会への浸透をはかっています。

▶ 国際犯罪組織

チャイナマフィア、日系ブラジル人らの組織、パキスタン・バングラディシュ人らによる組織、国際窃盗団ピンクパンサーなど複数の組織があります。

犯罪組織に立ち向かう

● 暴力団対策

● 暴力団対策法

2012年（平成24）に法律が改正され、これまで範囲外だっ
た「不当な要求」の規制範囲が拡大されました。法律改正に
より対立抗争に伴う地域社会への危害防止や不当な要求が
大幅に改善されると考えられています。

● 壊滅のための徹底的な取締り
● 各自治体に「暴力追放運動推進センター」を設置
● 暴力団に対する民事訴訟の支援
● 離脱を考えている組員やその家族への離脱支援・相談

● 国際犯罪組織対策

● 不法滞在者の積極的な摘発
● 犯罪を容易にする犯罪インフラ（他人名義の携帯電話、偽
　造パスポート、偽造運転免許証、地下銀行、匿名のサイト、
　盗品の販売など）の取締り
● 密輸・密入国の摘発
● 国際機関や他国との情報交換、会議開催など緊密な連携

● 銃器薬物対策

● 密輸・密売組織の摘発
● 薬物乱用者の積極的な検挙
● 「危険ドラッグ撲滅キャンペーン」など住民への啓発活動

このほか、すべての対策に暴力ホットラインなど相談電話を
開設。住民への情報提供の呼びかけなどをしています。

 MEMO ： **国際犯罪の捜査**

　アニメ、ルパン三世を追いかける銭形警部はインターポール(ICPO＝International
Criminal Police Organization)の所属ですが、これは実在の機関でフランス・リヨン
に本部があります。主な活動は、国際犯罪や国際犯罪組織の情報収集・交換、国際
会議、逃亡者の国際手配書発行などです。アニメでは「国際警察」として犯人を独自
に捜査するように描かれますが、実際はそんなことはなく、あくまで各国警察機関との連
絡機関です。外国に逃げた犯罪者はその国の警察が捜査・逮捕します。

警察官の専門常識その2　警察官の活動

重大交通事故
防止対策

常識度
難易度　専門性
実用性　受験重要度

チェックポイント

● なぜ交通事故が起きるのか
● 交通事故撲滅を目指す警察の対策とは

死者は減少。なのに重大事故が減らないのはなぜ?

　被害者・加害者、そして双方の残された家族も悲しい思いをする交通事故。全国的に見ると、交通事故の発生件数や死者数こそ減っていますが、その下げ幅の割合は年々小さくなっています。これは「シートベルトやエアバッグなどの装着率の頭打ち」「飲酒運転の下げ止まり」などが主な理由と考えられています。

　また、悪質なあおり運転や高齢者ドライバーの操作ミスなどにより、痛ましい死亡事故も報道されており、2020年（令和2）には道路交通法が一部改正されて、あおり運転に対する罰則が創設されました。

　警視庁をはじめ全国の警察では、街頭や高速道路での取締りの徹底、学童・高齢者などへの交通安全教室、自転車安全講習、交通安全パレードといった防止対策を行っています。

知っておきたい用語ガイド

▶ 交通事故

戦後の経済成長による自動車の増加に伴って多くなった災厄の一つです。1955年（昭和30）頃には「交通戦争」と呼ばれるほど死傷者が続出しました。戦後もっとも事故発生件数が多かった年は2004年（平成16）の95万件。また交通事故死者数ワーストワンの座は2003年（平成15）から愛知県が占めています。

▶ 飲酒運転

アルコール類を摂取した状態での運転をさします。飲酒運転によって悲惨な事故が相次いだことから道路交通法が改正され厳罰化されましたが、それでも相変わらずなくなりません。

交通事故死者数と発生件数の推移

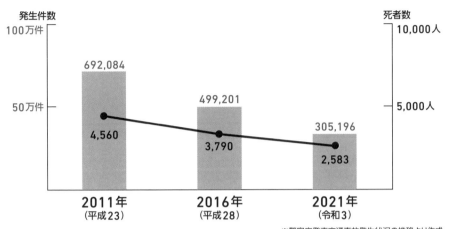

発生件数
100万件

死者数
10,000人

692,084

499,201

305,196

50万件

5,000人

4,560

3,790

2,583

2011年
（平成23）

2016年
（平成28）

2021年
（令和3）

※警察庁発表交通事故発生状況の推移より作成

交通事故をなくすために……

● 重大交通事故への主な対策

- 交通管制センターによる道路状況の監視、渋滞など情報のドライバーへの提供
- 飲酒運転など重大な交通違反の厳罰化
- 街頭での交通指導
- 学童などへの交通安全教室
- イベントなど交通安全啓発キャンペーン

● 安全・快適な交通環境の整備

- 路上を不法占拠する看板の撤去など道路交通パトロール
- 自転車ナビライン（交差点内での自転車走行位置を明示した標識）
- ゾーン30（生活路における最高時速30キロ制限）
- 大震災を想定した交通規制訓練

 MEMO ： **新しい交差点―ラウンドアバウト―**

　2014年（平成26）9月に道路交通法が改正され、ラウンドアバウトと呼ばれる環状交差点が整備されることになりました。これにより交差点での待ち時間短縮、交通事故減少が期待されています。

　ラウンドアバウトでは信号がなく、車は対向車に気をつけながら左折進入し、右回り（時計回り）に進みます。そして出たい支線で左折すればよいわけです。枝分かれになる支線も4本とは限らず、長野県軽井沢町にあるものは6本の支線が分岐しています。

警察官の専門常識その2　警察官の活動

交通違反の取締りと交通事故の捜査

常識度・難易度・専門性・実用性・受験重要度

チェックポイント
- 交通事故を招く交通違反にはどのようなものがあるのか
- 交通事故・事件の捜査はどのように行われるのか

ささいな違反が重大事故につながる

　交通違反は罪の意識が薄くなりがちですが、こうした軽い意識が、飲酒運転、無免許、速度超過など危険で悪質な交通事故を引き起こす原因となります。警察ではこのような交通違反を取り締まるべく、**日常的に交通指導、検問など交通違反取締り**を行っています。

　実際の取締りは、主に交通部の交通機動隊が担います。パトカーや白バイなどで街中や高速道路を走行しながら実施します。また、**Nシステム**と呼ばれる自動ナンバー読取装置も設置し、ひき逃げ事件など事故・事件への迅速な対応をはかっています。

　交通事故・事件になると、捜査は交通捜査課が担います。ひき逃げなど悪質な事件に対しては犯人検挙に向け徹底的な捜査が行われています。

知っておきたい用語ガイド

▶ 検問

道路の一部または全部をふさいで、通行する車・人が交通違反をしていないか、怪しいところがないかを調べます。主に交通違反の取締りに設けられることが多いのですが、逃走した被疑者の追跡、警備などの際も検問が行われます。

▶ Nシステム

道路の上方に設置されたカメラで、通過するすべての自動車ナンバーを撮影し解析します。交通違反のほか、盗難車や車で逃走する被疑者の追跡など重大な捜査に使われます。

主な交通違反の取締り

● スピード違反の取締り

● 駐車違反の取締り
（現在は駐車監視員による民間委託も進んでいる）

● 暴走族の取締り

● 飲酒検問の適宜実施

交通事故・事件の捜査例（ひき逃げ事件の場合）

● 現場での鑑識活動（車体・自転車の破損状況の確認、ガラス片、塗料片、車体の破損片などの遺留物の確認、路面に残されたブレーキ痕の確認、目撃者・関係者などからの情報収集）

● 証拠品などを後日、科学捜査の鑑識に依頼する→車種の特定など

● 被害者、被害者家族からの情報

● 現場周辺での聞き込み。また、現場周辺の自動車修理工場、駐車場の徹底的な捜査

● 現場周辺に看板を立てる、電話、インターネットなどでの情報提供の呼びかけ→容疑者を特定

 MEMO ┊ **スピード違反の3つの取締り方法**

❶ パトカー・白バイによる取締り
パトカーや覆面パトカー、白バイが路上で速度違反車両を発見し、その場で検挙・取調べを行います。

❷ 無人式速度取締り機
高速道路や幹線道路の上方に設置されたオービス（無人式速度取締り機）が速度違反をした車両を感知すると、自動的にナンバープレートやドライバーの顔写真を撮影します。違反者には後日郵送で出頭が求められます。

❸ 有人式速度取締り機
俗に「ネズミとり」と呼ばれるものです。警察官が道路上に測定器を設置し、違反車を検挙、取調べを行います。

警察官の専門常識その2　警察官の活動

テロ・ゲリラ対策と要人警護

チェック ポイント
- 人々の安全を脅かすテロ・ゲリラの対策では何を行っているのか
- 警察官が行う警衛警護はどういったものなのか

テロやゲリラから人々を守る警察官の仕事

　国内の治安を守るうえで欠かせないのが、**テロ・ゲリラ対策**です。アルカイダをはじめとする国際テロ組織、北朝鮮による拉致問題、旧オウム真理教などカルト集団や右翼や過激派、さらにはハッカーなどによる**サイバー攻撃**など、テロ・ゲリラ組織が勢力を拡大しています。警察ではこうしたテロを未然に防ぐため、**関係機関と連携しながら徹底的な情報収集・捜査に勤しん**でいます。テロ攻撃を想定した訓練も日頃から行い、未然防止に努めているのです。

　警備も重要な活動です。天皇や皇族、首相をはじめとする内外の要人のSPによる**身辺警護**、政府機関や各国大使館、社会インフラなど重要施設の警備、スポーツ大会や花火大会、初詣など人が多く集まる場所の警戒警備活動も担っているのです。

知っておきたい用語ガイド

▶ テロ・ゲリラ

テロはテロリズムの略で暴力によって社会の転覆をはかる行為、ゲリラは本来は小規模な戦闘のことですが、現代日本では主に過激派による火炎瓶や爆弾での闘争をさします。

▶ サイバー攻撃

インターネットやコンピュータを介して政府機関・企業などに対し、機密情報の窃取、鉄道・電力など社会インフラシステム障害を目的とする違法行為のこと。

▶ 身辺警護

警衛は天皇・皇族の警備、警護は国内外要人の警備。SPは警護員(Security Police)の略です。

テロ・ゲリラに立ち向かう

- ● テロ対策総合本部会議など各種会合
- ● サイバー攻撃特別捜索隊の整備（警視庁）
- ● SAT※（特殊急襲部隊）など特殊部隊、銃器対策部隊（全国）、NBCテロ（P.34参照）対応専門部隊などの配属
  ※ Special Assault Team の略
- ● テロ対策警備訓練、不審物・爆発物処理訓練、SPの警護訓練、警備犬を使った検索活動など各種訓練活動
- ● 不審者など地域住民からの情報提供や広報活動

主なテロ・ゲリラ組織

- ●国際テロ組織（アルカイダ／ISIL）
- ●旧オウム真理教など狂信的カルト集団　●右翼・過激派など暴力集団　など

急がれるサイバー犯罪対策

サイバー犯罪は私たちの暮らしと深く関わっています。

主なサイバー犯罪

- ●オークション詐欺　●カード類の暗証番号窃取
- ●アダルトサイトなどの架空請求
- ●個人情報の窃取・公開
- ●音楽・映像ファイルの違法アップロード
- ●コンピュータウイルスへの感染

 MEMO ：サイバー犯罪を防ぐ方法

　サイバー犯罪は日常のちょっとした注意で防ぐことができます。たとえば知らない人や団体、会社などからのメールを開かないといった、わずかなことをきちんと守っていれば、かなりの確率で被害に遭うことは避けられます。

警察官の専門常識その2　警察官の活動

災害派遣と復興活動

常識度
難易度　専門性
実用性　受験重要度

チェックポイント

● 災害が発生した際に、警察はどう対応するのか
● 災害に備えて、どのような訓練を行っているのか

あらゆる災害から国民を守る

　台風、地震、噴火など、**自然災害の対応は消防や自衛隊だけでなく、警察も担います**。警察の災害への備えは、阪神・淡路大震災を境に一段と強化され、さらに新潟県中越地震、東日本大震災などを経て、より強靭で柔軟性に富んだ組織と能力を備えています。たとえば、警視庁は首都圏直下型大地震など大規模災害に対処するため、2012年（平成24）に**特殊救助隊**を創設し、それまでの機動救助（**レスキュー**）隊や水難救助隊、山岳救助隊とともに、あらゆる災害現場での活動を行っています。また、ほかにも国内の地震災害に対応する警視庁災害派遣隊や、海外での災害で活躍する**警視庁国際警察緊急援助隊**があります。

　このほか、全国の警察に**広域緊急援助隊**が設けられ、行政の枠組みを越えて、迅速・柔軟な災害対応ができるよう整備されています。

知っおきたい用語ガイド

▶ **特殊救助隊**

レスキュー・水難救助・山岳救助・重機操作など特別な能力・技能に長けた選抜警察官のみで編成されています。救助救出活動で中心的な役割を果たします。

▶ **レスキュー隊**

人命救助を第一とする組織です。規模や編成は各警察で違い、機動隊・航空・山岳・水難などを組み合わせたチームになっているところもあります。

災害現場における主な警察活動

● 避難誘導　　　　　　● 救出救助
● 被災情報の収集・伝達　● 行方不明者の捜索
● 遺体の身元確認・検視
● 交通規制（緊急交通路の確保）
● 犯罪の予防・取締り・パトロール
● 被災者・被災地域の要望・相談への対応
　　など

災害に備えた主な訓練

● 機動救助（レスキュー）隊などによる救助救出訓練
● 水難救助訓練
● 帰宅困難者代替輸送訓練
● 山岳遭難者救助訓練
● ヘリコプターによる救助訓練
● 救助犬（警備犬）を使った捜索訓練
　　など

 MEMO ： **広域緊急援助隊の活動**

　阪神・淡路大震災の教訓を踏まえ、大規模災害への一層充実した対応をするため1994年（平成6）に創設され、全国の警察に設置されています。高度な救出救助能力・自活能力を誇っており、都道府県の枠組みを越えて出動します。主な活動は以下の4点になります。

❶ 先行情報班
ヘリコプターなどで迅速に被災地へ赴き、必要な情報を収集し後方の警備本部に送ります。
❷ 救出救助班
最新の資材・災害用車両などを駆使し、災害地における直接の人命救助を行います。
❸ 交通対策班
災害応急対策に従事する要員が迅速に被災地へ赴けるよう緊急路の確保・緊急通行車の先導を行います。
❹ 隊本部班
現場活動を支援するために必要な車両・資材・食料などの物資を輸送・供給します。

理解度チェック問題

問1 カッコ内に適切な語句を入れなさい

❶ 警察官には、犯罪の捜査や被疑者の取調べ、武器の使用などができる権限があるが、これらを（　　　　）権と呼ぶ。

❷ 犯罪抑止策の一環として、以前はオレオレ詐欺という名で呼ばれていた（　　　）詐欺について重点的な対策を講じている。

❸ 統計に基づかず、人々が日常生活で漠然と感じる治安のことを（　　　　）治安と呼ぶ。

❹ 110番は緊急通報だが、#9110番を（　　　　）ダイヤルという。

問2 カッコ内に適切な語句を入れ、以下の文章を完成させなさい

❶ 科学捜査にはいろいろな部門があるが、最初に現場での（　　　）課員による（　　　）活動が重要になってくる。この（　　　）活動で得られた物証をさらに分析することで、事件の科学的立証をはかることができる。　※（　　　）内は同じ語。

❷ 近年、発生件数や死者の数が減少傾向にあった交通事故だが、ここ数年はその下げ幅が次第に小さくなってきている。この原因として、「（　　　）の増加」や「（　　　　）やエアバッグ装着率の頭打ち」「（　　　）の下げ止まり」が考えられている。

❸ 警察の主な活動の一つに「警備」がある。この警備には天皇・皇族を守る（　　　）と呼ばれる警備と、国内外の要人を守る（　　　）と呼ばれるものがある。

答え

問1 ❶司法警察　❷特殊　❸体感　❹警察相談
問2 ❶鑑識　❷高齢者　シートベルト　飲酒運転　❸警衛　警護

問3　以下の文章は事件発生から犯人逮捕に至るまでの捜査の流れである。カッコ内に入る適切な語を、選択肢から選びなさい

「事件が発生すると、捜査は（　❶　）や被害届からはじまる。捜査は現場の実況見分や周辺の（　❷　）、目撃者の情報提供、証拠品の押収を中心に行われ、この間、証拠品など物証は（　❸　）に回されて、科学捜査が行われる。捜査の進展につれ（　❹　）が固まると逮捕になる。その後はさらに（　❹　）者の取調べや（　❺　）の裏づけ、犯行の正確な状況確認などが行われ、検察に送致される。

起訴　110番通報　検挙　　聞き込み　　被告　容疑　供述　刑事部　鑑識課

問4　次の解説に合うものを選択肢から選びなさい

❶ インターネットやコンピュータを使い、政府機関、社会基盤、交通体系といった都市機能の破壊などを企む犯罪行為。

❷ 北朝鮮による日本人の組織的誘拐事件で、いまだに解決していない問題のこと。

❸ 科学捜査の一種で、現場に残された血液など体液から割り出せるもの。

❹ 交通取締りの一つ。道路の一部を封鎖し、通行する車の運転手などが飲酒運転など法令に反していないかどうかを見極める方法。

❺ 刑法の規定となる殺人や強盗など犯罪をさす言葉。

検挙　　検問　　刑法犯　　テロ　　サイバー攻撃　　DNA型　　鑑識 ゲリラ　　拉致事件（拉致問題）　　アルカイダ

答え

問3 ❶ 110番通報　❷ 聞き込み　❸ 鑑識課　❹ 容疑　❺ 供述
問4 ❶ サイバー攻撃　❷ 拉致事件（拉致問題）　❸ DNA型　❹ 検問　❺ 刑法犯

以下の文章のうち正しいものは○、間違っているものには×を記しなさい

❶ 2012年（平成24）に暴力団対策法が改正され、これまで限りがあった「不当な要求」の規制範囲が拡大された。

❷ 警察による災害救助活動は国内のみに限られ、海外で災害救助活動はもっぱら自衛隊と消防のみが行っている。

❸ 警察には110番や#9110のほかにもいじめや悩みごとなどに応える専用の電話窓口がある。

❹ 110番通報をした際、最初に尋ねられるのは通報者の住所や氏名である。

❺ 事件解決の第一歩は的確・迅速な初動捜査である。

❻ 東日本大震災のような大規模広域災害の被災地警備は、被災地の警察組織があたることになっている。

❼ 国際犯罪組織への対応策として、不法滞在者や密入国者の摘発、犯罪インフラの取締りが必要である。

❽ 警察官と警備員の違いの一つに、警察官は現行犯で逮捕できるが警備員にはできないという点が挙げられる。

❾ 交通事故の撲滅には交通安全教室といった、地域住民との協力が欠かせない。

❿ 災害救助での現場には人間の力だけでなく、災害救助犬といった存在も重要である。

答え

問5 ❶○ ❷× ❸○ ❹× ❺○ ❻× ❼○ ❽× ❾○ ❿○

問6　以下の文章が示す適当な語句を答えなさい

❶ 事件・事故発生の後、直ちに現場に急行し初動捜査を行うこと。

❷ 阪神・淡路大震災を契機に創設された、都道府県の枠組みを越えて活動できる広域の救助救出部隊。

❸ みかじめ料の徴収や売春の斡旋、銃器薬物の取引など不法行為をしたり凶悪事件を起こしたりする集団の呼び名。

❹ 捜査機関が犯人を割り出して被疑者とすること。または被疑者を警察署に引き渡すこと。

❺ 警備活動を担う警察官のうち、要人警護に携わる職務の者のアルファベットの呼称。

❻ 捜査の重要な職務の一つ。事件・事故現場に急行し、証拠品や遺留品など物証を集め、真否を見極める職務。

❼ 他人名義の携帯電話や偽造パスポート、地下銀行といった、犯罪を容易にする物品などの総称。

❽ 一方的な恋愛感情を抱くなど特定の人につきまとう行為。この行為を規制する法律が2000年（平成12）に施行された。

❾ 悩みごと・心配ごとなどの相談のために開設された、警察相談ダイヤルの番号。

❿ 科学的手法で事件・事故の原因や犯人を追及する捜査のこと。

答え

問6 ❶ 臨場　❷ 広域緊急援助隊　❸ 暴力団　❹ 検挙　❺ SP　❻ 鑑識　❼ 犯罪インフラ
❽ ストーカー行為　❾ #9110　❿ 科学捜査

警察官インタビュー③

Q.
警察官に必要な素養とは？

Gさん

「強さ」です。悲しいことに、過去に警察の不祥事がありました。善悪の間にいて、非日常との距離が近くなる分、悪い方向へ傾いてしまった人がいるのが事実です。だからこそ、悪い方向へ傾かない「強さ」が必要です。警察官を目指す受験生には、人々・秩序を守るという、その大切な気持ちを忘れないまま、立派な警察官になってほしいです。

Hさん

忍耐力や精神力でしょうか。訓練も決して楽ではありませんし、職務上、厳しい状況と向かい合う必要も出てきます。警察学校に通う人で、週末実家に帰り、そのまま学校に戻ってこない、という人もいました。サンドバッグのようにへこたれない心、寛大な心、自己犠牲の精神など、精神力が必要です。

Iさん

自ら考えて行動できることです。そういったところはよく求められることで、自ら考えて行動ができるというのは、問題発生時に瞬時に自ら正しい選択ができる、ということにつながります。そのようなこともあり、採用試験の面接試験でも、積極性を見ている面接官は多いと思うので、積極的に自分をアピールするといいでしょう。

CHAPTER 3

警察官の専門常識その3

警察官が使う道具・装備・車両等

社会の発展や生活様式の多様化に伴い、犯罪も年々複雑化しています。それらに対応するため、警察官が使用する装備や車両などにも改良と開発が進められています。

犯罪の根絶を目指し、警察官の装備や車両などには工夫と改良が着々と施されています。白バイ隊員など、憧れの警察官の姿を見てみましょう。

警察官の専門常識その3　警察官が使う道具・装備・車両等

制服・制帽・活動服

常識度
難易度　専門性
実用性　受験重要度

チェックポイント
● 警察官が勤務で着用する被服にもいくつかの種類がある
● 制服には流行があり、最新の知見が取り入れられている

警察官の制服

　制服や装備品は自由に着用してもよいわけではありません。**「警察官の服制に関する規則」**により、その種類や着用時期、装備品について細かく決められています。また、制服は国民の信頼と期待に応える象徴として、品位の保持や活動の容易さなどを考慮してつくられています。内勤や式典など通常は制服を着用しますが、外勤やパトカー乗車時などには活動しやすい活動服を着用することが認められています。

制帽

　警察官がかぶる帽子は制帽と作業帽があります。作業帽は活動しやすく外勤時に着用します。

制帽

作業帽

制服・合服（春秋用）

　警察官の正式な制服は、背広タイプのもの。制服は、季節ごとに衣替えをします。制服警察官は勤務中、識別章を着装することが原則です。また、普段の仕事では、活動服と呼ばれる動きやすい服を着ている場合もあります。

合服（春秋用の制服）

4月1日から5月中、10月1日から11月中まで着用する制服。

制服（夏服）

薄い青色のワイシャツ姿。胸の部分に階級章をつけるための穴がある。

活動服

ジャンパー型。裾が短くて座りやすい構造。動きやすいのが特徴。

識別章・階級章

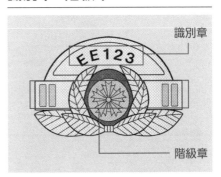

識別章

EE123

階級章

識別章は、表面にある識別番号で警察官の個人識別ができます。番号標の表面にはアルファベット2文字と3ケタの数字からなる識別番号が、裏面には所属する都道府県警察の名称が書かれている。

鑑識官、白バイ隊員などの制服

鑑識官

現場鑑識活動服。背中に「警視庁INVES
TIGATION」などの文字が入っている。

白バイ隊員

ライトブルーで、通気性に優れ、軽量。女
性用の赤色の制服もある。

機動隊員

主に大盾に警棒や警杖、催涙ガス銃、け
ん銃を装備。隊ごとにデザインは異なる。

広域緊急援助隊

災害現場にて動きやすく、そしてよく目立
つようにデザインされている。

音楽隊

演奏服を着用する。金色や銀色などの肩章、飾緒が施されている。

礼服

両肩に礼肩章、右肩に飾緒がついている。冬は黒色、夏は灰み青色が基調。

室内で勤務する場合、制帽などを着用しないことができます。ただし、交番などで公衆の面前において勤務するときや、留置施設で勤務するとき（就寝時間帯などを除く）などはかぶらないといけません。

 MEMO ┊ **刑事は、主に制服以外の服装をしている**

　警察官は原則、勤務中は制服を着用することになっていますが、捜査のためなど、私服を着用して勤務することを命ぜられた場合、あえて私服で勤務します。中でも刑事が着ているのが、主に私服のスーツ。聞き込みなどの際、相手に警戒心を与えずに捜査を行うためです。周囲の雰囲気に溶け込むため、状況に応じて変装することもあります。

警察官の専門常識その3　警察官が使う道具・装備・車両等

警察官が所持する装備品

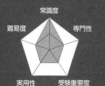

常識度
難易度　専門性
実用性　受験重要度

チェックポイント
- 警察活動に欠かせない警察手帳などの装備品について把握する
- それぞれの装備品を扱う際にはルールがある

住民と社会を守る道具

　警察官が身につけているもので最初に浮かぶものといえば警察手帳かけん銃でしょう。ほかにも手錠などを思い浮かべるかもしれません。警察官の持ちものは交番勤務、鑑識課員、白バイ隊員など**職種によって多少違います**が、ここでは標準的な装備品を紹介します。

　装備品を扱う際には、いくつかのルールがあります。勤務外の持ち運びはできませんし、個人的な理由での使用もできません。使い方によっては人にけがを負わせるものもあるため、取扱いには十分に注意する必要があります。

警察手帳

「手帳」の名称がついていますが書きこめるページはなく、顔写真や氏名、所属や階級がわかる身分証になっています。勤務中は必ず携帯し、勤務終了時に警察署に返却します。

けん銃

使用する機会はほとんどないと言ってよいくらいですが、制服着用時には必ず携帯するように決められています。室内勤務や交通取締りなどでは携帯しないことになっています。

警棒

容疑者に抵抗されたときや自分の身を守るときに使用します。3段伸縮となっており、軽量化がはかられています。

手錠

容疑者を逮捕するときに使う、手の自由を奪う拘束器具です。手首の細い人でも抜けられないようにつくられています。

警笛

交通整理や祭り・パレード時に使用します。金属ワイヤーで制服とつながっており、使わないときは右ポケットに収納します。

無線機

警察署や警察官同士が連絡を取り合うときに使います。電波状況が悪く、無線機の電波が届かないときには、警察用携帯電話（Pフォン）を使います。

防刃ベスト

包丁やナイフといった刃物から身を守ります。交番勤務や外勤のときに身につけることが多くあります。

その他の装備品

- **ライト**
  夜間に使用します。
- **帯革**
  けん銃や警棒などを吊り下げる、腰に巻くベルトです。制服のベルトの上からさらに巻いて使います。
- **受令機**
  110番通報などを聞くときに使う受信専用端末です。胸ポケットに収納してイヤフォンで音声を聞きます。

 MEMO : **女性警察官もけん銃を所持する？**

　けん銃の所持は「警察官等けん銃使用及び取扱規範」という規定により厳しく定められています。これは女性警察官も同様で、制服着用時はけん銃を所持することになっています。ただし例外があり、交通整理や交通事故処理、室内勤務、災害派遣などの場合は所持しないことになっています。

警察の車両

常識度／難易度／専門性／実用性／受験重要度

パトカー

　白黒のツートンで塗装された**パトカー（パトロールカー）の主な役割は交通用と警ら用に大別されます。**交通用では交通違反の取締りや事故処理など、警ら用ではパトロールや一般的な事件の捜査に使用されます。車種はセダンからスポーツカーまであります。高速道路交通警察隊で使用する車両は、排気量3000cc以上の高性能スポーツカーが使用されます。パトカーの主要装備には、スピード違反車の速度を測る装置、拡声器、無線機、GPS衛星から送られるパトカーの位置情報を、通信指令室に送るカーロケーターシステムが装備されています。また、逃走する容疑者を捕縛するために使用する「さすまた」といった装備品も積載しています。

覆面パトカー

　覆面パトカーの外見は普通の乗用車で、通常は街中を走りパトロールをします。違反車両を発見すると天井内に収納された赤色灯を車外に取りつけパトカーになります。交通機動隊で使われています。尾行などの捜査や、要人警護にも使われます。

白バイ

　交通量の多いところでも機動性を発揮できる白バイは、交通機動隊の主力です。排気量は750ccクラスが主体でしたが、現在は1300ccクラスの大型バイクも活用されています。女性隊員も活躍しており、女性だけで構成された部隊もあります。

警備艇・水上バイク

　水上警察署に配備されています。正式名称を警察用船舶といい、水難救助、証拠品の捜索（容疑者が河川や海に捨てた凶器など）、密漁、密航者、不審船の取締り、花火大会での水上警備、沿岸地域におけるテロ対策にあたっています。全長数メートルの小型船から20メートル以上もある大型船まで幅広い船舶が用意されています。

警備艇。陸上でのパトカーや航空隊とも連携する。

水上バイク。警備艇に積載されていることもある。

ヘリコプター

　都道府県の警察航空隊に配備されています。主な任務は交通情報の収集や逃走中の容疑者の追尾など刑事事件への対応、山岳事故や水難事故でのレスキュー対応、他県への応援派遣など、幅広くなっています。ヘリの脚部にスピーカーを設置できるので、振り込め詐欺撲滅キャンペーンなどの広報活動や、ほかにも上空からの写真撮影などでも活躍します。

その他の車両

　警察ではあらゆる事件・事故に対応するため、目的にかなった車両を保有しています。過激派などのデモや祭り・パレードといった、人が集まる場所での交通整理・監視にあたるため、多くの警察官を輸送する人員輸送車や、地下鉄サリン事件などNBCテロ（P.34参照）に対応するための化学防護車などがあります。救助活動を支援する機動救助(レスキュー)車、鑑識の道具を搭載した鑑識車、夜間の活動を支援する投光車などの特殊車両も保有しています。

多くの警察官を運べる人員輸送車。

化学防護車。全国9都道府県のNBC対応部隊に配備されている。

機動救助[レスキュー]車。クレーンやウィンチなど、必要な機材を搭載している。

照明と発電機を搭載している投光車。

警察官の専門常識その3　警察官が使う道具・装備・車両等

警察が保有する動物

常識度
難易度　専門性
実用性　受験重要度

チェックポイント

● 鋭い嗅覚を持った警察犬の種類と役割について把握する
● 警視庁と京都府警にある騎馬隊の職務とは

捜査や災害で活躍する仲間たち

　人間の数千倍といわれる鋭い嗅覚を使い、捜査活動で活躍するのが警察犬です。現在、約1300頭いる警察犬には、警察が飼育訓練をする直轄警察犬と、民間団体が飼育訓練をして審査に合格した、嘱託警察犬の2種類があります。警察犬の使用は鑑識課が行い、警察犬訓練士とともに捜査活動の一端を担います。

交通安全や各種パレードで活躍する騎馬隊

　警視庁と京都府警には騎馬隊があります。主な職務は交通安全指導や学童の交通整理、祭り・パレードでの警備です。外国の大使が皇居に向かうときの、馬車行列の警備にも従事します。

　制服で馬にまたがる姿は憧れの的ですが、騎馬隊へ配属されるには交番勤務で優秀な成績を収めることが必要です。

知っておきたい用語ガイド

▶ 警察犬訓練士

警察犬訓練士とはその名の通り、警察犬の訓練を担当する人です。警察犬同様、警察犬訓練士も、直轄警察犬訓練士と嘱託警察犬訓練士の2種類があります。直轄警察犬訓練士になるには、警察官になり、鑑識課に配属されなければなりません。嘱託警察犬訓練士になるには、一般的に訓練所での修行や専門学校を経る必要があります。

警察犬

● 警察犬の種類

ジャーマンシェパード、コリー、ボクサー、ドーベルマン、エアデールテリア、ラブラドール・レトリバー、ゴールデン・レトリバーの7犬種が警察犬として公認されています。

● 警察犬の主な仕事

● 足跡追及活動

　行方不明者、迷子、容疑者の持ちもののにおいを手掛かりに捜索を行う。

● 臭気選別作業

　現場に残された遺留品と容疑者のにおいを嗅ぎ比べ、同一人物かどうか特定する。また、容疑者が攻撃してきたときにかみつくなどして制圧する。

● 警戒活動

　重要な場所の警戒や容疑者の追跡を行う。

警察犬でもっとも登録
数の多いシェパード

馬

正装した騎馬隊

● 騎馬隊の主な仕事

● 交通安全教育指導

● 外国大使信任状奉呈式馬車列の警護

● 祭り・パレードでの警備

● 学童のための交通整理

● きゅう舎付近での学童交通整理

理解度チェック問題

問1 | 以下の文章が示す適切な語句を答えなさい

❶ 警察官が装着する警棒以外の小型武器。

❷ 勤務時には必ず所持し、捜査などで身分を示すときに使う。上下二つ折りになっている。

❸ 白黒カラーで塗装されておらず、車外に赤色灯が装着されていないパトカーの一種。交通違反や捜査で使用し、緊急走行時には赤色灯を装着して走行する。

❹ 鋭い嗅覚を利用し、捜査や警備に連れる唯一の動物。

❺ 航空隊が所有する航空機で、上空から情報収集、広報、捜査など幅広い任務に使用する。

❻ NBCテロで出動し、車内は密閉され、たくさんの機材が収納されている。

❼ 全国でも珍しい部隊で、警視庁と京都府警にしか配備されていない。

❽ 水上警察に配備されている船舶。捜査や警備、水難救助で活躍する。

❾ 交通機動隊に所属し、その機動性を活かして、街中での交通違反車の取締りなどに威力を発揮する。

❿ 警察官が保有し、ほかの警察官や警察署などとの連絡に使う器具。

答え

問1 ❶ けん銃 ❷ 警察手帳 ❸ 覆面パトカー ❹ 警察犬 ❺ ヘリコプター
❻ 化学防護車 ❼ 騎馬隊 ❽ 警備艇 ❾ 白バイ ❿ 無線機

問2 以下の文章のうち正しいものは○、間違っているものには×を記しなさい

❶ 警察官の制服は警察官本人の意思で、季節に関係なく着用できる。

❷ 警察の帽子には、制帽だけがある。

❸ 750cc クラスの白バイが主体だったが、現在は 1300cc クラスの大型バイクも活用されている。

❹ けん銃は、室内勤務のときも必ず携帯しなくてはならない。

❺ 警察犬の飼育や訓練は民間企業が請け負うことはなく、すべて警察独自で行っている。

❻ 活動服は機動隊員のみが着用するもので、交番勤務の警察官が着用することはない。

❼ 識別章は、警察官の個人識別をすることができる。

❽ 警察は消防と同様、その職務の特性に合わせ、レスキュー車のようなさまざまな特殊車両を保有している。

❾ 警察手帳やけん銃は、勤務終了後も自宅に持ち帰ることになっている。

❿ 制服や装備品は自由に着用してもよい。

答え

問2 ❶ × ❷ × ❸ ○ ❹ × ❺ × ❻ × ❼ ○ ❽ ○ ❾ × ❿ ×

問3 以下のイラストは警察官の標準的な装備品です。それぞれの名称を答えなさい

❶ (　　　　　　　)

❷ (　　　　　　　)

❸ (　　　　　　　)

❹ (　　　　　　　)

❺ (　　　　　　　)

❻ (　　　　　　　)

問3 ❶ けん銃　❷ 警察手帳　❸ 手錠　❹ 警棒　❺ 防刃ベスト　❻ 警笛

問4	以下の写真は警察で使われる車両などです。 それぞれの名称を答えなさい

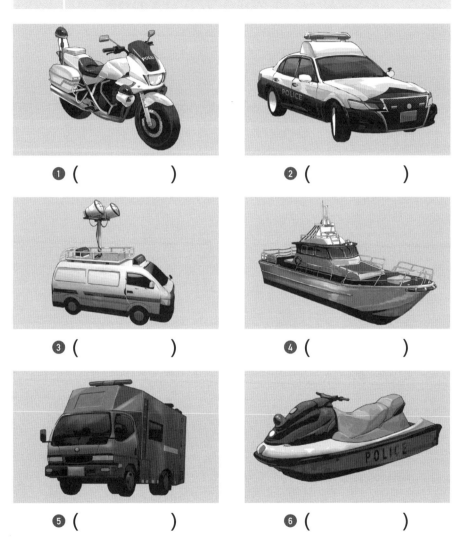

❶（　　　　　　）　❷（　　　　　　）

❸（　　　　　）　❹（　　　　　）

❺（　　　　　）　❻（　　　　　）

　答え

問4 ❶ 白バイ　❷ パトカー　❸ 投光車　❹ 警備艇　❺ 化学防護車　❻ 水上バイク

警察犬についての豆知識

　警察犬は私たちの暮らしの、いろいろな場面で活躍しています。たとえば、空港では警備や麻薬の探知（麻薬探知犬）、国際会議といった人が集まる場所やイベントなどでは爆発物探知といった警備（警備犬）、災害現場では瓦礫の中から傷病者を探し出す救出救助（災害救助犬）など、あらゆる場面で活躍する警察犬がいます。

　警察犬というと、シェパードやラブラドール・レトリバーなどの中型犬〜大型犬をイメージしますが、近年ではトイプードルやミニチュアシュナイザーといった小型犬も、警察犬として認められています。主に行方不明者捜索に連れられています。

　警察犬の活躍は、日々の努力があるからこそ。人々のために日夜訓練を行っているのです。以下は、警察犬訓練士の一日（警視庁の例）となります。訓練士を目指す人は、参考にしてみてください。

警察犬訓練士の一日（警視庁の例）

6:00	起床、排便など
7:00～10:30	訓練
11:00	朝食（それぞれの犬に合わせバランスよい食事が与えられる）
12:00	犬舎掃除（担当者が行う）
13:00～16:00	訓練
16:00	夕食
19:00～20:00	夜間訓練（夜間の出動に備える）
20:00	排便（排便室がある）など
21:00	就寝

　日本警察犬協会加盟の民間訓練所では、警察犬の訓練や飼育が見学可能なところもあります。警察犬に興味のある人や訓練士になりたい人は、最寄りの訓練所に問い合わせるとよいでしょう。

警察官の専門常識その4

法律

この章では、警察の日々の活動のよりどころとなる法律について学びます。警察の基本となる「警察法」、少年の非行や犯罪について定める「少年法」、犯罪と刑罰についての「刑法」のほか、警察業務に関わりの深い憲法や民法、商法、刑事訴訟法、民事訴訟法、警察官職務執行法、道路交通法について説明します。

法律を知ることで、「警察とは何か」「警察に求められているものとは何か」が見えてきます。警察官としての心構えを整えるとともに、自分なりの〝理想の警察官像〟を思い描いてみるといいでしょう。

警察官の専門常識その4　法律

警察法

常識度
難易度　専門性
実用性　受験重要度

チェック
ポイント
● 警察法とはどういった法律なのか
● 警察の責務の内容と範囲はどうなっているのか

警察の正しいあり方を定めた法律

　警察法とは、警察のあり方を定めた法律のことで、**警察の組織と責務**について定めています。1954年（昭和29）7月1日に施行されました。警察の目的は、人々の権利と自由を守ることにあります。そのために、警察は一定の権限を持ち、公共の安全と秩序を維持しています。

　警察の責務は、警察法によって「犯罪の予防、鎮圧及び捜査、被疑者の逮捕、交通の取締その他公共の安全と秩序の維持」と定められています。

　警察の組織については、警察の公平中立性をはかるため、国と地方に**公安委員会**を置くこととなっています。

警察法　第1条（この法律の目的）

　この法律は、個人の権利と自由を保護し、公共の安全と秩序を維持するため、民主的理念を基調とする警察の管理と運営を保障し、且つ、能率的にその任務を遂行するに足る警察の組織を定めることを目的とする。

知っておきたい用語ガイド

▶ 公安委員会

国家公安委員会と都道府県公安委員会とがあります。警察の政治的中立性、民主的管理を目的としており、警察が独善的な組織となることを防止しています。また、警察の仕事が滞りなく行われるよう尽力しています。

責務の範囲

警察官は、国民の生命・身体および財産を保護するために一定の権限を持ちますが、警察がその責務を遂行するときは、公平中正の立場で行われなければなりません。警察の中立性が保たれないと、権限の乱用が起こり、たちまち日本の治安や秩序が崩壊してしまうからです。

警察官の服務の宣誓

警察法で、警察官は服務の宣誓を行うことが定められています。内容は以下の通りです。

「第三条　この法律により警察の職務を行うすべての職員は、日本国憲法及び法律を擁護し、不偏不党且つ公平中正にその職務を遂行する旨の服務の宣誓を行うものとする。」

また、警察学校入校式では宣誓文の読み上げが行われます。主に代表者が読み上げますが、警察官として、この宣誓文は必ず覚えておくべきものです。以下は「警察職員の服務の宣誓に関する規則」の宣誓書の抜粋になりますが、こちらの文章の読み上げが行われます。

> 私は、日本国憲法及び法律を忠実に擁護し、命令を遵守し、警察職務に優先してその規律に従うべきことを要求する団体又は組織に加入せず、何ものにもとらわれず、何ものをも恐れず、何ものをも憎まず、良心のみに従い、不偏不党且つ公平中正に警察職務の遂行に当ることを固く誓います。

 MEMO ： **警察法第70条の「礼式等」について**

警察法第70条では、「警察職員の礼式、服制及び表彰に関し必要な事項は、国家公安委員会規則で定める」とあります。この規則（警察礼式）は主に敬礼に関して定めています。たとえば、室内に入る場合、上官の部屋に入る場合、上官より命令を受ける場合など、どのように敬礼するかといったことです。

警察官の専門常識その4　法律

常識度
難易度　専門性
実用性　受験重要度

少年法

チェック ポイント
● 少年法とはどういった目的、内容のものなのか
● 少年法の原則とは何か

少年の保護更生が最大の目的

　少年法とは、未成年者の非行に対する家庭裁判所の審判手続や刑事処分について決めた法律です。1948年（昭和23）7月15日に施行されました。

　少年法は、未成年者には成人同様の刑事処分を下すより、**保護更生のための処置が重要であるという理念に基づいています。**「少年には未来があり、育て直しが可能」との考えからです。通常の刑事裁判ではなく、**原則として家庭裁判所で審判を行い、**「教育による更生の道」を第一に処分を決めます。

少年法の対象年齢

　少年法は「20歳未満の少年少女」を対象としていましたが、2022（令和4）年4月1日に施行された**成年年齢を18歳とする改正民法に合わせて改正され、罪を犯した18歳と19歳は**「特定少年」**として扱います。**また、2007年（平成19）の改正で少年院送致の対象年齢が「おおむね12歳以上」となりました。「おおむね」と1歳程度の幅を持たせてあり、11歳でも少年院収容の可能性があります。

知っおきたい用語ガイド

▶ **家庭裁判所**

少年少女の健全な育成や家庭の平和を目的とした裁判所です。どうすれば家庭内などで起きた問題が円満に解決されるか、また、どうすれば非行を犯した少年少女が健全に更生していけるか、ということを第一に考えています。

▶ **少年院**

少年少女の社会不適応の原因を除き、健全な育成をはかることを目的とし、矯正教育を行う施設です。

おおむね12歳以上は「少年犯罪」

　おおむね12歳以上20歳未満の少年少女が法を犯すと、「少年犯罪」になります。事件は家庭裁判所に送られ、本人と保護者を呼び出しての調査や審判が行われます。その結果、少年院送致になると少年院に収容され、教育が施されます。保護観察処分になると、普通の生活を続けながら保護司の指導が行われます。場合によっては、厳重注意だけのこともあります。

　14歳を過ぎれば、家庭裁判所の判断で、大人と同じ刑事裁判に回されることがあります。有罪になれば、少年刑務所に収容されます。

　下図は少年事件が発生し、検挙された後の流れ（例）になります。

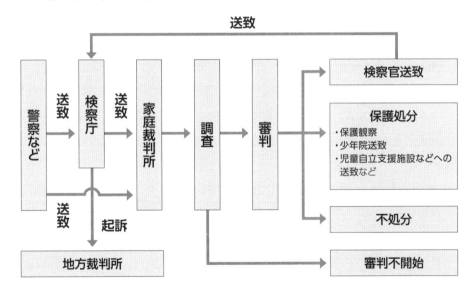

 MEMO ⋮ **12歳未満は「非行」**

　12歳未満の少年少女が法を犯す行為をした場合、それは「犯罪」としては扱われません。「非行」として児童相談所に送り、本人や保護者に指導をします。場合によっては、児童自立支援施設に送って教育をします。ただし、重大事件の場合は、14歳以上と同じ審判を受けることもあります。

警察官の専門常識その4　法律

刑法

常識度
難易度　専門性
実用性　受験重要度

チェック ポイント
- ● 刑法とは何について定めた法律なのか
- ● 刑罰の種類にはどのようなものがあるのか

犯罪と刑罰についての規定

　刑法とは、**犯罪と刑罰について定めた法律です**。1908年（明治41）10月1日に施行されました。

　刑法は第264条まであり（令和4年12月1日現在）、殺人罪や誘拐罪、窃盗罪、詐欺罪、放火罪など、あらゆる犯罪の成立要件とその刑罰について定めています。わかりやすく言えば、「どのような行為が犯罪にあたるのか」や、「それぞれの犯罪に対して、どのような刑罰が科されるのか」について、細かく定められています。

刑法は時代に合わせて改正される

　刑法はたびたび改正が行われています。2005年（平成17）の改正で犯罪の刑が重くなり、懲役刑の最高が「15年以下」から「20年以下」に延長されました。また、重要犯罪の刑が重くなり、**危険運転致死傷罪**が新しくつくられました。さらに、2017年（平成29）には性犯罪についての規定も110年ぶりに改定されています。

知っおきたい用語ガイド

▶ 危険運転致死傷罪

　自動車と原付を含む自動二輪車で、飲酒運転や高速度での走行などで死傷事故を起こした場合に適用されます。罰則として、人を負傷させた場合は15年以下の懲役、人を死亡させた場合は1年以上20年以下の懲役、となっています。

刑罰の種類

「犯罪を行った場合に、どのように処罰するのか」について明文化されています。以下は、刑罰の種類になります。

- 死刑
   第十一条　死刑は、刑事施設内において、絞首して執行する。
- 懲役（刑事施設に拘置して所定の作業を行わせる）
   第十二条　懲役は、無期及び有期とし、有期懲役は、一月以上二十年以下とする。
- 禁錮（刑事施設に拘置する）
   第十三条　禁錮は、無期及び有期とし、有期禁錮は、一月以上二十年以下とする。
- 罰金
   第十五条　罰金は、一万円以上とする。ただし、これを減軽する場合においては、一万円未満に下げることができる。
- 拘留
   第十六条　拘留は、一日以上三十日未満とし、刑事施設に拘置する。
- 科料
   第十七条　科料は、千円以上一万円未満とする。
- 労役場留置
   第十八条　罰金を完納することができない者は、一日以上二年以下の期間、労役場に留置する。
- 没収
   第十九条　次に掲げる物は、没収することができる。
   一　犯罪行為を組成した物
   二　犯罪行為の用に供し、又は供しようとした物
   三　犯罪行為によって生じ、若しくはこれによって得た物又は犯罪行為の報酬として得た物
   四　前号に掲げる物の対価として得た物

 MEMO ：**犯罪の範囲外になる場合、罪が軽減される場合**

「犯罪とは何か」「どのようなことをすると犯罪になるのか」について明文化されています。たとえば、次のような場合は罪にならなかったり、罪が軽減されたりします。
- 自分の身を守るためだった場合（正当防衛）
- 心神喪失および心身耗弱の場合
- 逃げるときに起きてしまった場合（緊急避難）
- 14歳に満たない者の場合
- 故意でない場合
- 自首をした場合

警察官の専門常識その4　法律

その他の法律

常識度
難易度　専門性
実用性　受験重要度

**チェック
ポイント**
● 警察官の仕事に直接関係する法律にはどんなものがあるのか
● それぞれの法律の概要はどうなっているのか

警察学校でも学ぶ法律

　警察官は職務上あらゆる法律に直接的に関わり、法律に基づいて職務を執行するので、警察官ならば必ず法律に関して学ぶ必要があります。警察学校でも法律について学ぶこととなり、それらは前ページの刑法などに限らず、憲法や道路交通法、刑事訴訟法や民法と、実に幅広いものです。各法律がどういったものか、その概要をまず知るところから始めてみましょう。日本国憲法以外は参考として、各法律の第1条を併記しました。

関係する法律とその概要

● 日本国憲法

　国の基礎となる法。日本の六法の中でもっとも重要な法律です。1947年（昭和22）5月3日に施行されました。

　「日本国憲法」では、この国の原則である人権尊重・国民主権・平和原則を定めています。人権尊重によって、個人の自由と権利が守られ、国民主権によって民主的な方法で国をつくり、ものごとを決めていき、そして平和原則によって、この国は戦争を放棄し、平和な国であり続ける、と定めています。このように、日本国憲法は、国民の権利・自由を国家権力や独裁などから守る役割を持っているのです。

● 刑事訴訟法

　刑事事件の裁判とその前提となる犯罪捜査についてなど、刑事手続の全般を定めた法律。1949年（昭和24）1月1日に施行されました。被害者保護の観点を重視したり、サイバー犯罪の捜査について記載したりするなど、世論や時代の変化に合わせて頻繁に改正がなされています。2004年（平成16）には裁判員制度の導入に合わせて、公判手続の改正が行われました。2010年（平成22）には、殺人・強盗の時効が撤廃され、捜査が継続できるようになりました。警察官の日々の職務と切り離せない、重要な法律の一つです。

第1条

　この法律は、刑事事件につき、公共の福祉の維持と個人の基本的人権の保障とを全うしつつ、事案の真相を明らかにし、刑罰法令を適正且つ迅速に適用実現することを目的とする。

● 警察官職務執行法

　警察官が職権職務を遂行するために必要な手段について定めた法律。略称は「警職法」。1948年（昭和23）7月12日に施行されました。不審者への質問、危険回避のための保護や避難誘導、犯罪行為の制止や予防、建物などへの立入り、武器の使用といった警察官の職務の権限について規定しています。警察官が日々の仕事をするうえで、もっとも密接な関係にある法律の一つです。

第1条

　この法律は、警察官が警察法（昭和二十九年法律第百六十二号）に規定する個人の生命、身体及び財産の保護、犯罪の予防、公安の維持並びに他の法令の執行等の職権職務を忠実に遂行するために、必要な手段を定めることを目的とする。

● 道路交通法

　道路を使用するすべての人が安全で円滑な通行・運行ができるよう、道路における交通ルールを定めた法律。1960年（昭和35）6月25日に施行されました。歩行者の通行や車両の交通方法、運転者が守るべき義務、高速道路での交通ルール、道路の使用の制限、運転免許などについて、反則行為とその罰則などの記載があります。新しい改正点では、2017年（平成29）に高齢運転者対策の強化が施行されました。

第1条

　この法律は、道路における危険を防止し、その他交通の安全と円滑を図り、及び道路の交通に起因する障害の防止に資することを目的とする。

● 民法

　住民生活における住民同士の関係について定めた法律。1898年（明治31）7月16日に施行されました。人が集まって社会を形成すると、それぞれの権利や義務や自由をめぐってトラブルが起きやすくなります。トラブルが起きないために、また、起きた場合の決着のために、一定のルールを定めたものが、この民法になります。たとえば、売買契約や結婚・離婚の制度、個人の財産や遺産相続についてなど、1050条にわたって細かな決めごとが記されています。近年の主な改正では、2018年（平成30）に成年年齢を20歳から18歳に引き下げられました。

第1条

　私権は、公共の福祉に適合しなければならない。

● 商法

　企業や商事の活動に関して、ルールを定めた法律。1899年（明治32）3月9日に施行されました。商法は総則、商行為、海商の3編から成り、商人同士の取引や株式会社、海外からの物品の運搬や輸送についてなどが定められています。

第1条

　商人の営業、商行為その他商事については、他の法律に特別の定めがあるものを除くほか、この法律の定めるところによる。

● 民事訴訟法

　民事事件の裁判手続について定めた法律。1890年（明治23）に公布されたのち、新法として1996年（平成8）6月26日より現行の民事訴訟法が施行されました。民事事件とは、私人間の生活に関するトラブルを言います。民事訴訟法では、たとえば財産の所有権や損害賠償などのトラブルを解決するための訴訟の手続や、債権者への支払督促の申し立ての手続などについて定めています。

第1条

　民事訴訟に関する手続については、他の法令に定めるもののほか、この法律の定めるところによる。

 MEMO　法律と条例

　法律とは国会が定めたルールになりますが、条例とは地方公共団体が自治立法権に基づいて、議会の議決などにより自主的に制定する法規のことです。法律に違反すると逮捕があるように、条例違反でも逮捕があります。迷惑防止条例や路上喫煙禁止条例など、自治体によっていろいろな条例があります。

法律

理解度チェック問題

問1 | 次のカッコ内の語句のうち、正しい言葉を選びなさい

❶ 警察法は、警察の（組織／権利）と責務について定めた法律である。

❷ 警察の責務は、犯罪の予防、鎮圧および捜査、被疑者の（処罰／逮捕）、交通の取締り、その他公共の安全と秩序の維持である。

❸ 少年法の刑事処分の対象年齢は、おおむね（12歳／14歳）以上20歳未満である。

❹ 少年法では、原則として（刑事裁判所／家庭裁判所）で審判が下される。

❺ 刑法は、第（264／1050）条までである。

❻ 刑法の2005年（平成17）の改正で、懲役刑の最高が（15年以下／20年以下）になった。

❼ 六法のうち、もっとも重要なのは（日本国憲法／民法）である。

❽ 日本国憲法の3本柱は、人権尊重・（国民主権／国家主権）・平和原則である。

❾ 刑事訴訟法はたびたび改正されている。2010年（平成22）には、殺人・強盗の時効が（5年延長／撤廃）された。

❿ 企業などの活動に関してルールを定めた法律は（民法／商法）である。

⓫ 警察官職務執行法の略式名称は、（警職法／警執法）である。

⓬ 2013年（平成25）12月1日より、道路交通法で自転車の（左側／右側）通行が禁止された。

⓭ 民法とは、（経済活動／住民生活）における住民同士の関係について定めた法律である。

❹ 商法は、総則、（商行為／企業）、海商の3編から成る。

❺ 民事訴訟法における「民事」とは、（私人間／公人間）の生活トラブルをいう。

❻ （公益／人権）尊重によって、個人の自由と権利が守られる。

❼ 民法では結婚・離婚の制度や（売買契約／株式会社）について定めている。

❽ （14歳／16歳）を過ぎると家庭裁判所の判断で、刑事裁判に回されることがある。

問2　次の文章のカッコ内にふさわしい言葉を入れなさい

警察法　第1条（この法律の目的）

　この法律は、個人の権利と（　❶　）を保護し、公共の（　❷　）と秩序を維持するため、民主的理念を基調とする警察の管理と運営を保障し、且つ、能率的にその任務を遂行するに足る（　❸　）の組織を定めることを目的とする。

服務の宣誓　宣誓書

　私は、日本国憲法及び（　❹　）を忠実に擁護し、（　❺　）を遵守し、警察職務に優先してその規律に従うべきことを要求する団体又は組織に加入せず、何ものにもとらわれず、何ものをも恐れず、何ものをも憎まず、（　❻　）、不偏不党且つ公平中正に警察職務の遂行に当ることを固く誓います。

答え

問1 ❶ 組織　❷ 逮捕　❸ 14歳　❹ 家庭裁判所　❺ 264　❻ 20年以下　❼ 日本国憲法　❽ 国民主権　❾ 撤廃　❿ 商法　⓫ 警職法　⓬ 右側　⓭ 住民生活　⓮ 商行為　⓯ 私人間　⓰ 人権　⓱ 売買契約　⓲ 14歳
問2 ❶ 自由　❷ 安全　❸ 警察　❹ 法律　❺ 命令　❻ 良心のみに従い

113

問3	少年事件の流れについて、次のカッコ内にふさわしい言葉を入れなさい

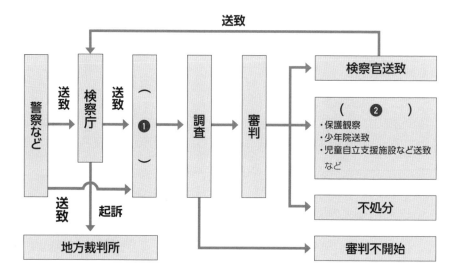

問4	刑法では、刑事罰に問われなかったり、刑が軽減されたりする場合の要件を6つ規定しています。次のカッコ内に正しい言葉を入れなさい

・自分の身を守るためだった場合（正当防衛）
・逃げようとして起きてしまった場合（緊急避難）
・（　❶　）でない場合
・心神喪失および心神耗弱の場合
・（　❷　）に満たない者の場合
・（　❸　）をした場合

問3 ❶ 家庭裁判所　❷ 保護処分
問4 ❶ 故意　❷ 14歳　❸ 自首

問5　次の法律の施行年月日を線で結びなさい

❶ 警察法・　　　　　　　　　・Ⓐ 1947 年（昭和 22）5 月 3 日

❷ 少年法・　　　　　　　　　・Ⓑ 1899 年（明治 32）3 月 9 日

❸ 刑法・　　　　　　　　　　・Ⓒ 1954 年（昭和 29）7 月 1 日

❹ 日本国憲法・　　　　　　　・Ⓓ 1948 年（昭和 23）7 月 12 日

❺ 刑事訴訟法・　　　　　　　・Ⓔ 1949 年（昭和 24）1 月 1 日

❻ 警察官職務執行法・　　　　・Ⓕ 1898 年（明治 31）7 月 16 日

❼ 道路交通法・　　　　　　　・Ⓖ 1948 年（昭和 23）7 月 15 日

❽ 民法・　　　　　　　　　　・Ⓗ 1996 年（平成 8）6 月 26 日

❾ 商法・　　　　　　　　　　・Ⓘ 1960 年（昭和 35）6 月 25 日

❿ 民事訴訟法・　　　　　　　・Ⓙ 1908 年（明治 41）10 月 1 日

問6　次の条文に該当する法律名を挙げなさい

❶ 第一条　民事訴訟に関する手続については、他の法令に定めるもののほか、この法律の定めるところによる。

❷ 第一条　私権は、公共の福祉に適合しなければならない。

❸ 第一条　この法律は、刑事事件につき、公共の福祉の維持と個人の基本的人権の保障とを全うしつつ、事案の真相を明らかにし、刑罰法令を適正且つ迅速に適用実現することを目的とする。

❹ 第一条　商人の営業、商行為その他商事については、他の法律に特別の定めがあるものを除くほか、この法律の定めるところによる。

答え

問5 ❶ー Ⓒ ／ ❷ー Ⓖ ／ ❸ー Ⓙ ／ ❹ー Ⓐ ／ ❺ー Ⓔ ／ ❻ー Ⓓ ／ ❼ー Ⓘ ／ ❽ー Ⓕ ／
❾ー Ⓑ ／ ❿ー Ⓗ
問6 ❶ 民事訴訟法　❷ 民法　❸ 刑事訴訟法　❹ 商法

警察庁と警視庁の違い

　警察庁は、全国の都道府県の警察本部を統括する国の機関です。そのため、警察庁で働く警察官は国家公務員になります。

　一方、警視庁は、東京都の警察本部です。大阪や愛知など道府県の警察本部と同じで、警察庁の指導を受ける位置にあり、警視庁で働く警察官は地方公務員です。このように、警察庁と警視庁は役割が異なりますし、組織形態も異なっています。それぞれの組織に関してはP.24-27を参照してください。

　なぜ東京だけ「東京都警察本部」と言わないかというと、警察の歴史が関わっていて、〝日本の警察の父〟川路利良（P.121参照）がつくった東京警視庁が起源となって、その名称が今も残っているからです。

　ちなみに、警察本部長という役職名も、警視庁の場合だけ警視総監と言います。

●警察庁　　　　　●警察庁

警察庁のエンブレムは「日章旗」、警視庁は東京都のシンボルマーク「イチョウ」

CHAPTER 5

覚えておきたい基礎知識その1

歴史・事例・用語

いつの時代も公共のルールに違反する行為は、人々の権利と自由を侵害する大きな罪です。過去の人々が犯罪や違法行為に対してどのように向き合い、治安と秩序を維持するために取り組んできたかを知ることは重要です。この章では、警察の歴史を振り返り、過去の事件・事故の事例から現代の警察のあり方を学びます。

歴史や過去の事例からは、多くの教訓が得られます。過去を振り返る中で、現在の警察のあり方を知りましょう。そして、今後にどう活かしていくべきかを考えてみてください。

覚えておきたい基礎知識その1　歴史・事例・用語

警察の歴史

常識度
難易度　専門性
実用性　受験重要度

**チェック
ポイント**

● 現在の警察制度が誕生するまでの過程とは
● 昔の警察はどのような役割で、どのようなことを行っていたのか

平安初期に、すでに警察はあった

　警察とは、社会の治安と秩序を守り、犯罪の取締りをする行政機関のこと
をいいます。その歴史をたどれば、平安初期までさかのぼります。816年頃、
検非違使（けびいし）と呼ばれる官職が置かれ、京都の治安維持を行いました。平安中期
以降になると、押領使（おうりょうし）・追捕使（ついぶし）が諸国の治安維持を担当しました。鎌倉・
室町時代には、守護・地頭がこの役を務めるようになります。江戸時代には、
幕府・諸藩に町奉行が置かれ、また、放火や強盗を専門に扱う火付盗賊改方
も設けられました。

近代警察のはじまりは明治初期

　明治になると、新政府は邏卒（らそつ）に各府県の治安維持にあたらせました。**邏卒
は今でいう巡査にあたります**。後に新政府は警察権を司法省に移し、1874
年（明治7）に東京警視庁が設立されました。その後、警察権は内務省に移
され、国家警察と警視庁、地方警察という体制が確立されます。これが近代
警察のはじまりです。戦前戦中には特別高等警察が設置され、国民の思想の
取締りにあたりました。終戦後はGHQ占領により内務省が解体し、それに
伴い、警察制度も改変されました。**そして、1954年（昭和29）には、現
行の警察法が施行されました**。

警察の歴史（平安時代初期～昭和）

平安時代
初期

●検非違使が京都の治安維持を担う

　検非違使とは、非違（違法）を検する（あらためる）天皇の使者という意味です。京都の犯罪や風俗の取締りを担当していました。後に訴訟や裁判も扱うようになります。平安後期には諸国にも置かれましたが、武士の勢力に押されて衰退しました。

平安時代
中期～後期

●押領使・追捕使が地方の治安維持を担う

　警察・軍事的な任務にあたる官職として、押領使と追捕使がいました。これらの官職には武士が就き、押領使は主に盗賊や反乱者を捕まえる役目を担い、追捕使は内乱などの際に兵を率いて鎮圧する役目を担いました。押領使では、天慶の乱で平将門を滅ぼした下野国押領使、藤原秀郷が有名。追捕使では、同じく天慶の乱で藤原純友を鎮圧した小野好古がいます。

鎌倉～
室町時代

●守護・地頭が地方の治安維持を担う

　1185年（元暦2・文治元年）、鎌倉幕府を開いた源頼朝は、全国に守護・地頭を置きました。守護は追捕使が名前を変えたものです。その役割は、大犯三カ条に示されています。地頭は、全国の公領や荘園の管理や治安の維持、年貢の徴収などを担いました。守護と地頭の関係は、郡や郷を支配する地頭の上に、一国を支配する守護がいます。守護・地頭の制度は室町時代にもそのまま引き継がれました。

大犯三カ条
- **大番催促**……… 京都を守る役所「大番役」に、配下の御家人を選任し管理する
- **謀反人の検断** … 反乱を企てた者を捜査・逮捕。また、裁判・判決を執行する
- **殺害人の検断** … 殺人を犯した者を捜査・逮捕。また、裁判・判決を執行する

江戸時代 1600年代

●町奉行の設置、火付盗賊改方の設置

　江戸幕府は、幕府や諸藩に町奉行を設置しました。奉行、与力、同心、岡っ引きといった階級制度も見られるようになりました。時代劇「遠山の金さん」でもおなじみの通り、町奉行所では罪人を逮捕して裁きを加えます。今で言う警察と裁判所を合わせたような役割を担っていました。また、火付けや強盗といった重罪に対しては、火付盗賊改方という独立した機関が町奉行とは別に設置されました。

1871年 （明治4）

●警察の前身「邏卒」が発足

　明治政府は、各府県で警察の任にあたる「邏卒」を置きました。邏卒とは「巡邏の兵卒」の略です。英語のpatrol（パトロール・巡回）にあたる日本語がなく、「巡邏査察」という語から生まれたとされています。後に「巡査」と改称されました。つまり、邏卒は今の警察官の原型となります。

1874年 （明治7）

●近代警察のはじまり

　明治政府は警察権を司法所に移し、東京警視庁を創設しました。後に警察権は内務省へ移り、国家警察と警視庁、各都道府県が管理する地方警察の管理体制が確立しました。日本の警察の近代化に貢献した人物として、初代警視総監・川路利良（1834〜1879）がいます。

**1911年
（明治44）頃**

●特別高等警察の設置

　この頃、政府は富国強兵をスローガンに掲げ、国全体が軍国主義に傾いていきました。国民の思想統一をはかる目的で設置されたのが、特高警察です。彼らは国民の思想の監視や取締りなどの秘密警察活動を行いました。ときに被疑者の自白を引き出すために拷問が行われるなど、特高は畏怖の対象でした。

**1945年
（昭和20）**

●GHQによる内務省の解体

　1945年（昭和20）、占領軍GHQ※により日本は民主主義国として立て直されることになりました。国民の自由を監視する国家警察を解体し、中央集権的な組織から、地方分権的な組織へと改変が進められました。内務省直轄の警察は国家地方警察本部として独立し、それに沖縄を除く46都道府県に自治体警察が置かれて、2本立ての警察制度が発足しました。

※ General Headquarters の略。総司令部のこと

**1954年
（昭和29）**

●現行の警察法が施行

　世の中が落ち着いたこの年、新しい警察法が施行されました。これが今の警察制度です。新しい警察法では、警察を政治権力から分離独立させるため、公安委員会を構成して、その下に警察庁を置いています。つまり、警視庁および各道府県の警察本部は、それぞれの道府県公安委員会によって、政治的中立性を保たれています。

 MEMO　〝日本の警察の父〟川路利良とは？

　薩摩（現在の鹿児島県）藩士だった川路利良は、警視庁大警視という役職に就任しました。フランスのパリで約1年間、近代警察制度の研究をし、帰国後は、政府に警察機構についての意見を述べるなどし、東京警視庁の創設に尽力しました。そして、自ら初代警視総監となったのです。つまり、川路は日本の警察機構の礎を築いた人物と言えるでしょう。西郷隆盛が起こした西南戦争（1877年）では、川路は大恩ある西郷に従わず、警察に一身を捧げることを決意し、西郷軍の討伐にあたりました。

覚えておきたい基礎知識その1　歴史・事例・用語

事件・事故 事例集

常識度
専門性
受験重要度
実用性
難易度

**チェック
ポイント**

● 警察はどのような事件・事故と直面してきたのか
● 各事例から警察の組織や法律がどのように変化したのか

事例に学び、再発防止・早期解決に活かす

　警察の歴史は、事件・事故の歴史とも言えます。センセーショナルな事件・事故が起こるたび、再発防止や不備の改善などに向けて、この国の警察は発展や進化を遂げてきました。

　かつて発生した事件・事故の中から、**警察の仕組みや制度などに直接的な影響をおよぼした事例**をいくつか見ていきます。一つひとつの事例が、現在とどうつながっているかに注目してください。そして、今後の警察のあり方や課題について考えてみましょう。

◇◇◇◇◇◇◇◇◇◇◇◇◇◇◇◇ 【SIT設立の契機】 ◇◇◇◇◇◇◇◇◇◇◇◇◇◇◇◇

吉展ちゃん誘拐殺人事件

 DATA 　**日時　1963年（昭和38）3月31日**
　　　　　　場所　東京都台東区

●4歳の男児が誘拐・殺害される

　1963年（昭和38）3月31日、村越吉展ちゃん（4歳）が自宅近くの公園で行方不明になった。4月2日、犯人から身代金50万円を要求する電話が入る。受け渡し現場で、警察は犯人を取り逃がし、さらに身代金も奪われてしまう。2年後、犯人を逮捕したものの、吉展ちゃんは白骨化した遺体で発見。この失態は警察にとって大きなダメージとなった。

●誘拐犯捜査を専門とするSITが創設

　当時の警察には営利誘拐事件に対するノウハウがなかった。これが失態の原因であるとの反省から、誘拐犯捜査を専門とするSIT※（第一特殊犯捜査）が事件の翌年に創設された。SITの目的は人質の安全と救出、犯人の逮捕である。そのため、犯人との交渉役であるネゴシエーターの育成に力が注がれる。銃撃戦を伴う強行突入は最後の手段だ。

※ Special Investigation Team の略

> **まとめ**
>
> ・誘拐事件では人質の安全と救出が最優先
> ・犯人と交渉し、説得をするネゴシエーターが重要な存在である
> ・不幸なことに、幼児の行方不明や誘拐事件は毎年起きている

日本航空123便墜落事故

 DATA 日時　1985年（昭和60）8月12日
場所　群馬県多野郡上野村

●日航ジャンボ機が御巣鷹山に墜落

　1985年（昭和60）8月12日夕方、乗客乗員524人を乗せた飛行機が群馬県と長野県の県境付近で消息を絶つ。東京航空局は東京救難調整本部を設置し、警察庁はじめ、防衛庁や消防庁などに協力を仰ぎ、機体の捜索にあたった。当初は墜落場所が判然とせず、情報が錯綜して、現場が大混乱。御巣鷹山の尾根に機体が散乱しているのが発見されたのは、翌日の午前5時37分のことだった。

●山岳警備隊の活躍で4人の命が救われた

　当初、機体の散乱具合から、生存者がいる可能性はほとんどゼロと見られた。だが、警察や地元の猟友会、消防団、レスキューなどの献身的な捜索によって、4人の「奇跡の生還者」が発見・救出された。この事故で、登山のエキスパートであり、山岳の治安維持を担う山岳警備隊の存在がクローズアップされ、その存在の大きさを印象づけた。

> **まとめ**
>
> ・航空の単独事故としては史上最多の犠牲者を出した
> ・山の事故では山岳警備隊の働きが大きい
> ・我が身の危険を顧みない献身的な捜索が4人の命を救った

◇◇◇◇◇◇◇◇◇◇◇◇◇◇◇ 【組織的犯罪処罰法が制定】 ◇◇◇◇◇◇◇◇◇◇◇◇◇◇◇

オウム真理教事件

◇◇◇

 DATA 日時　1988（昭和63）年～1995（平成7）年
場所　神奈川県横浜市 他

●オウム真理教が組織的に殺人やテロ行為を実行

　オウム真理教が教団内で自動小銃の密造や化学兵器の生産を行い、武装化して引き起こした一連の事件。弁護士一家殺害事件や地下鉄サリン事件など、教団と敵対する人物の殺害や無差別テロを実行した。組織的な犯行を繰り返した日本犯罪史上最悪の事件で、特別対策本部は警視総監が指揮をとった。

●「組織的犯罪処罰法」が制定へ

　事件後の1999（平成11）年には、「組織的な犯罪の処罰及び犯罪収益の規則等に関する法律（組織的犯罪処罰法）」が制定された。これは暴力団やテロ組織などの反社会的団体や、会社・政治団体・宗教団体などに偽装した団体による組織的な犯罪に対する刑罰の加重と、犯罪収益の資金洗浄（マネー・ロンダリング）行為の処罰、犯罪収益の没収・追徴などについて定めた法律である。

ま と め

・犯罪の未然防止の重要性とテロの恐ろしさを日本中に知らしめた
・宗教団体に対する捜査、サリンというそれまで対処したことのない
　化学兵器など、今後の警察の捜査を見直すきっかけとなった
・マインドコントロールの恐ろしさを見せつけた事件だった

神戸連続児童殺傷事件

 DATA 日時　1997年（平成9）5月27日
場所　兵庫県神戸市

●14歳の少年Aによる猟奇的犯行

　1997年（平成9）5月27日早朝、中学校の正門前に、切断された男児の頭部が置かれる事件が発生。耳まで切り裂かれた男児の口には、「酒鬼薔薇聖斗」名の犯行声明文がはさまれていた。その後、警察を愚弄する内容の挑戦状が地元の新聞社に届く。6月28日、逮捕された犯人は14歳の少年Aだった。彼はこの事件以外にも、動物虐待や少女2人の殺傷事件を起こしていたことが判明した。

●少年法改正により、対象年齢が引き下がる

　当時の少年法では、刑事処分の対象は「16歳以上」となっており、少年Aの非行は犯罪としては扱われなかった。この事件を受け、2000年（平成12）に少年法が改正、対象が「14歳以上」に引き下げられた。2007年（平成19）の改正では、「おおむね12歳以上」となっている。少年法は厳罰化の傾向にあるが、少年による重大事件は後を絶たず、その更生や非行防止の重要性が叫ばれている。

まとめ

・現行の少年法では、処分対象は「おおむね12歳以上」となっている
・少年法を「さらに厳罰化せよ」との声が少なくない
・少年による非行の防止と更生が今後の課題である

◇◇◇◇◇◇◇◇◇◇　【ストーカーが刑事事件の対象に】　◇◇◇◇◇◇◇◇◇◇

桶川ストーカー殺人事件

 日時 1999年（平成11）10月26日
場所 埼玉県桶川市

●女子大生がストーカー被害の末に殺害される

1999年（平成11）10月、埼玉県桶川市の路上で、女子大生Sさんが元交際相手の男に殺害される事件が起きた。犯人はSさんから別れ話を切り出されたがあきらめられず、執拗に嫌がらせをくり返していた。Sさんは殺害7ヵ月前から警察に相談していたが、民事不介入と多忙を理由に見過ごされた。さらに事件後、警察が捜査ミスを隠すためにウソの調書を作成していたことが判明した。

●ストーカー規制法成立と対策室の設置

この事件を受けて、国会は急遽、議員立法として「ストーカー行為等の規制等に関する法律（ストーカー規制法）」を成立させた。これにより、ストーカー行為は刑事事件の範疇となった。規制法では、つきまとい行為に対して警察が警告を出し、行為が収まらなければ禁止命令が出せることなどが定められ、さらに生活安全総務課に「ストーカー対策室」が創設された。

> **まとめ**
>
> ・ストーカー被害が民事事件の領域から、刑事事件の領域へ
> ・警察からの警告を無視し、つきまといをくり返すと「その行為はやめなさい」と禁止命令が出る
> ・規制法が制定されてもストーカー犯罪は起き続けている

附属池田小児童殺傷事件

 DATA 日時　2001年（平成13）6月8日
場所　大阪府池田市

●精神障がい者を装い、小学生など23人を無差別殺傷

2001年（平成13）6月8日午前10時20分頃、大阪教育大学附属池田小学校の校舎に出刃包丁を持った男が侵入し、無差別に児童や教師を切りつける事件が発生。児童8人を殺害、児童13人と教諭2人が負傷した。現行犯逮捕された男は宅間守（37歳）。宅間は逮捕当初、精神障がい者を演じていた。だが、精神鑑定により「責任能力に問題なし」とされ、裁判で死刑が確定した。

●人々の防犯意識の高まりと安全教育

この事件をきっかけに、防犯・安全対策の意識が高まった。学校に監視カメラや警備員を配置する、部外者立ち入り禁止とするなどの対策が一般化。防犯パトロールを実施する自治体も増えた。また、警察による安全教室や、護身術を教える取り組みなどが、より積極的に行われるようになった。

> **まとめ**
> ・犯人の精神鑑定の重要性が見直された
> ・「地域に開かれた学校」から、安全対策重視の「閉ざされた学校」へ
> ・警察が持つ防犯・安全対策のノウハウを一般にも役立てる取り組み
> 　が進んだ

東日本大震災

 DATA　日時　**2011（平成23）年3月11日**
　　　　場所　**東北地方太平洋沿岸域**

●最大震度7を大地震と津波により広範囲に甚大な被害が発生

　2011（平成23）年3月11日14時46分、宮城県牡鹿半島の東南東沖130キロメートルを震源とするマグニチュード9.0の大地震が発生。この地震により発生した波高10メートル以上の巨大津波により、岩手県陸前高田市などが壊滅的な被害を受けた。この地震と津波により福島第一原子力発電所が電源を喪失し、メルトダウンが発生する重大な原子力事故を引き起こした。

●「警察災害派遣隊」を新設

　2021（令和3）年3月10日時点で死者1万5899人以上、重軽傷者6157人以上、行方不明者2526人という大災害を受けて、大規模災害発生時に広域的に活動する「警察災害派遣隊」が新設。災害発生直後に活動を開始する全国で約1万人規模の「即応部隊」と、災害発生の約2週間後以降に派遣されて捜索・警戒警ら、交通整理・規制、パトロール、相談対応、初動捜査などの警察活動を遂行する「一般部隊」が編成された。

> **ま と め**
>
> ・警察災害派遣隊の即応部隊は、大規模災害発生時にただちに被災地等に派遣される災害対策のエキスパート集団である
> ・広域緊急援助隊、広域警察航空隊、機動警察通信隊、緊急災害警備隊の4部隊で編成される

覚えておきたい基礎知識その1　歴史・事例・用語

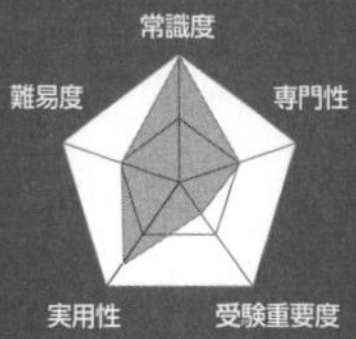

警察の用語集

チェックポイント

- 警察内部で使われる独特の言葉とは
- 警察関係者以外に話の内容を知られたくないときに有用

覚えておきたい、現場で使う専門用語集

[ア行]

【相勤（あいきん）】

捜査のときペアを組む相手、相棒のこと。パトカーに乗務する際の同乗相手。

【あいちゃん】

スリのこと。明治時代のスリを表す言葉「相手屋師」に由来する。

【赤馬（あかうま）】

放火犯のこと。連続放火犯のことは赤猫、単純な火事のことは赤犬という。

【アヒル】

制服巡査のことで、アヒルのように巡回する様子から。ガチャともいう。

【アミウチ】

非常警戒のこと。網（警戒網・包囲網）を打つ（張る）から。

【犬】

捜査機関や組織に侵入する密偵。
江戸時代から「犬=間者」の意で使われていた。

【うかんむり】

窃盗のこと。「窃」の字形から（部首は、あなかんむり）。

【牛の爪・馬の爪】

犯人などが判明しているかしていないかを指す。判明することを「割れる」というが、牛の蹄は割れていることから犯人が判明していることを、馬の蹄は割れていないので犯人が判明していないことを指す。

【うたう・落ちる】

自供する。一部自供することを半落ち、すべて自供することを完落ちという。

【お札 （おふだ）】

警察手帳、捜査令状、逮捕状のこと。

【母屋・本店・本社】

所轄署から見て、警視庁や警察本部のこと。反対に、警視庁や警察本部から見て、所轄署は支店または支社という。

［ カ行 ］

【買いもの師】

万引きの常習犯のこと。買いものをしない、ということを皮肉った言い方。

【ガサ】 捜索のこと。「さがす」を反転させたもの。ガサ入れは家宅捜索・強制捜査。

【かんかん】

ダンプカーなどの積載車両の取締りのこと。土木用語で、大型の秤で車重を量る台秤を意味する「看貫」という言葉に由来する。

【グニ屋】
質店。七 (しち) を五と二に分けて、グニと読む。質に入れることはグニこむ。

【コロッケ】
女性の殺人犯のこと。か弱い外見と残忍な殺人のギャップを、柔らかい中身とカリッとした衣になぞらえて。

【ごんべん】
詐欺師や詐欺事件のこと。「詐」の部首から。

[サ行]

【詐欺開け】
宅配便などを装って侵入する強盗の手口のこと。

【桜田商事】
警視庁。所在地から。

【さんずい】
汚職事件のこと。特に収賄をさす。「汚」の部首から。

【沈める】
盗品を現金化すること。

【シノギ】
暴力団関係者が利益を得る手段のこと。「糊口をしのぐ (どうにか生計を立てて暮らす)」または「しのぎを削る (激しく刀で切り合う)」に由来するという説がある。

【シャブ】

覚せい剤のこと。「骨までしゃぶり尽くす」ことから。ほかにもアイス、スピード、エス、冷たいの、など多様な呼び方がある。

【純トロ】

シンナーのこと。純粋トルエンから。あんぱんともいう。

【Z号】

暴力団関係者かどうかを照会するときに使う。指名手配照会はB号、家出人手配照会はM号、などがある。

【そうめん】

逮捕のこと。そうめんの細い麺が"縄"のようなことから、"縄＝逮捕"と言われている。

［ タ行 ］

【タタキ】

押し入り強盗のこと。住民をたたき起こして侵入するから。

【チャカ】

けん銃のこと。警察用語では「腰道具」と呼ぶのが一般的。

【帳場】

捜査本部のこと。「帳場が立つ（捜査本部が設けられた）」のように使用する。

【天ぷらナンバー】

偽造ナンバープレートで、正規登録済みの車のようになりすますこと。60年安保の頃、学生服を着て学生になりすます者を「天ぷら学生（衣だけ学生）」と呼んだことから派生した。

【遠張り】とおば

被疑者に気づかれないように、遠くからの監視を行うこと。

【鳥かご・豚バコ】

警察署の留置所のこと。留置所の鉄格子を、鳥や豚を入れる檻に見立てた。

【ドリンク】

ノミ行為のこと。「ドリンク」を「飲む」こととかけた。

［ ナ行 ］

【流し】

繁華街などを歩きながら行われるスリ行為のこと。

【なこ】

ヘロインのこと。「粉（こな）」を反転させた。ペイ、ペーなどとも呼ばれる。

【ナシ割り】

遺留品や盗品、証拠品などの捜査をすること。「品（しな）」を反転させた。

【にんべん】

偽造のこと。「偽」の部首から。

【のび】

家宅不法侵入のこと。「忍び込み（しのびこみ）」に由来する。

［ ハ行 ］

【箱師】

列車やバスの中を専門とするスリのこと。箱＝列車・バスを意味する。

【バンカケ】
職務質問のこと。「こんばんは」と声をかけることから。

【ビロ】
サラリーマンのこと。背広を着ていることから。

【ふみこ】
窃盗のこと。窃盗に関わる刑法235条からきている。

【フライパン】
恐喝、かつあげのこと。フライパンで、カツを揚げることから。

【弁当】
執行猶予のこと。執行猶予中のことを弁当持ちという。「弁当＝持ち歩いて、食べたらなくなる」と、「執行猶予＝釈放後についてまわり、罪を犯せばなくなってしまう」をかけた。

【ホシ】
犯人のこと。「犯人の目星をつける」ことから。また、真犯人はホンボシという。

【ポスト】
立ち番の制服巡査のこと。ポストのように動かずにじっと立っている様子から。

[マ行]

【マル害】
ガイシャ … 被害者のこと。

【マル走】
暴走族のこと。

【マル被】
被疑者、容疑者のこと。

【マルB】
暴力団のこと。

【マル暴】
暴力団担当刑事、暴力団対策課のこと。

【マル目】
目撃者のこと。

【宮入り】
犯人が逮捕できていない未解決事件のこと。事件が迷宮入りすることから。

【むくどり】
詐欺、賭博の被害者のこと。卵をとられやすい場所に巣をつくることから。

【目隠し】
互いに顔を合わせずに、薬物や銃器の受け渡しなどを行うこと。

【面バレ】
顔が知られて（ばれて）いること。面＝顔。

【面割り】
複数の対象者の顔を見て、被疑者を確認すること。

［ ヤ行 ］

【ヤサ】
家、住居のこと。また、住居の特定をすることをヤサ尾け（やさづけ）という。

【ヤマ】
事件のこと。事件現場の下見をすることをヤマ見という。

【ゆみへん】
強姦や強盗のこと。「強」の部首から。

【横目】
銀行で、目的以外の預金データなどのコピーをとること。

【ヨンパチ】
被疑者を逮捕してから送検するまでの時間制限のこと。48 時間であること
から。

[ラ行]

【ラジオ】
無銭飲食のこと。「ラジオの無線」と「無銭」をかけている。

【レンコン】
リボルバー式のけん銃のこと。シリンダー（回転式弾倉）がレンコンに似て
いることから。

【ロク】
死者、死体のこと。「南無阿弥陀仏」が 6 文字であることから。まんじゅうと
もいう。

[ワ行]

【わっぱ】
手錠のこと。まるい輪の形状（輪っぱ）をしていることから。

理解度チェック問題

問1 次の文章の正否を○×で答えなさい

❶ 平安時代には、まだ警察のような組織はなかった。

❷ 平安時代には、治安を守る官職として、押領使と追捕使の2つがあった。

❸ 町奉行が設置されたのは、室町時代である。

❹ 江戸時代には、放火や強盗を専門に扱う火付盗賊改方という機関があった。

❺ 明治期の「邏卒」は、警察官の前身にあたる。

❻ 東京警視庁ができたのは、1871年（明治4）である。

❼ 日本の近代警察制度は、イギリスを手本にしている。

❽ 初代警視総監・川路利良は、「日本警察の父」と呼ばれている。

❾ 日本の警察制度は、戦後GHQによって改変されたことがある。

❿ 1954年（昭和29）7月に、現行の警察法が施行された。

⓫ 検非違使が京都の治安維持を担ったのは、江戸時代である。

⓬ 守護・地頭の役割は大犯三カ条に示されている。

⓭ 明治政府は警察権を司法所に移した。

⓮ 町奉行所は、今でいう警察と裁判所を合わせたような役割を担っていた。

答え

問1 ❶× ❷○ ❸× ❹○ ❺○ ❻× ❼×
　　❽○ ❾○ ❿○ ⓫× ⓬○ ⓭○ ⓮○

問2 次の事件・事故について、「発生年月日」「関係の深い言葉」を選びなさい

― 事件・事故 ―

❶ 桶川ストーカー殺人事件　　❹ 吉展ちゃん誘拐殺人事件

❷ 日本航空 123 便墜落事故　　❺ 附属池田小児童殺傷事件

❸ 神戸児童連続殺傷事件

― 発生年月日 ―

Ⓐ 1963 年（昭和 38）3 月 31 日　　Ⓓ 1999 年（平成 11）10 月 26 日

Ⓑ 1985 年（昭和 60）8 月 12 日　　Ⓔ 2001 年（平成 13）6 月 8 日

Ⓒ 1997 年（平成 9）5 月 27 日

― 関係の深い言葉 ―

㋐ 防犯安全対策の強化　　㋔ 山岳警備隊

㋑ 少年法改正　　㋕ SIT の設立

㋒ ストーカー規制法

答え

問2 ❶→Ⓓ―㋒　　❷→Ⓑ―㋔　　❸→Ⓒ―㋑　　❹→Ⓐ―㋕　　❺→Ⓔ―㋐

❶ 制服巡査のことを、巡回する様子から（　　　　　）という。

❷ 連続放火犯のことを（　　　　　）という。

❸ 窃盗のことを、漢字の一部をとって（　　　　　）という。

❹ 犯人が自供することを、（　　　　　）や「落ちる」という。

❺ 所轄署から見て、警視庁や警察本部を（　　　　　）と呼ぶ。

❻ 家宅捜索や強制捜査のことを（　　　　　）という。

❼ 七を五と二に分けた読みから、質店のことを（　　　　　）という。

❽ 女性の殺人犯を（　　　　　）というのは、中身と外見のギャップをたとえている。

❾ 汚職事件のことを、漢字の部首から（　　　　　）という。

❿ 覚せい剤の警察用語には、「シャブ」「エス」のほかに（　　　　　）などがある。

⓫ 暴力団関係者かどうかを照会するとき、（　　　　　）という。

⓬ 押し入り強盗は、住民を乱暴に起こして侵入するので（　　　　　）と呼ばれる。

⓭ 不正なナンバープレートで正規登録済みの車に偽装することを
（　　　　　）という。

⓮ 遺留品や盗品など、物品の捜査をすることを（　　　　　）という。

⓯ 乗りものの中で専門に行うスリを（　　　　　）という。

⓰ 窃盗のことを、窃盗に関わる刑法の番号から（　　　　　）ともいう。

⑰ 執行猶予中のことを （　　　　） という。

⑱ 犯人が逮捕できていない未解決事件のことを （　　　　） という。

⑲ 詐欺や賭博の被害者のことを、ある動物の特性をとらえて （　　　　）
という。

⑳ 複数の人物の顔を見て、被疑者を特定することを （　　　　） という。

㉑ 強姦や強盗のことを、漢字の部首から （　　　　） という。

㉒ 被疑者を逮捕して送検するまでの時間制限のことを （　　　　） という。

㉓ 無銭飲食のことを （　　　　） というのは、「むせん」のかけ言葉から。

㉔ 「南無阿弥陀仏」が由来となって、死者や死体のことを （　　　　） という。

㉕ 手錠のことを （　　　　） というのは、その形状から。

㉖ 「犯人の目星をつける」ということから、犯人のことを （　　　　） という。

㉗ 万引き常習犯のことを、買いものをしないことを皮肉った言い方で
（　　　　） という。

```
タタキ        コロッケ      むくどり      赤猫        天ぷらナンバー
アヒル        箱師          宮入り        ガサ入れ    さんずい
ゆみへん      うかんむり    弁当持ち      うたう      わっぱ
ナシ割り      面割り        ラジオ        アイス      母屋
ホシ          グニ屋        ヨンパチ      ふみこ      ロク
Z号           買いもの師
```

警察官の身だしなみ

　この国の安全を守る警察官には、人々から信頼されるに足る誠実な身だしなみが求められます。警察官たちは毎朝、頭の上から足の先まで身だしなみに不備がないかをチェックしてから、任務にあたっています。

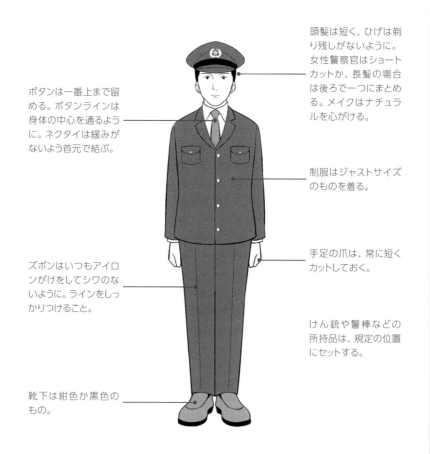

頭髪は短く、ひげは剃り残しがないように。女性警察官はショートカットか、長髪の場合は後ろで一つにまとめる。メイクはナチュラルを心がける。

ボタンは一番上まで留める。ボタンラインは身体の中心を通るように。ネクタイは緩みがないよう首元で結ぶ。

制服はジャストサイズのものを着る。

ズボンはいつもアイロンがけをしてシワのないように。ラインをしっかりつけること。

手足の爪は、常に短くカットしておく。

けん銃や警棒などの所持品は、規定の位置にセットする。

靴下は紺色か黒色のもの。

CHAPTER

6

覚えておきたい基礎知識その2

国語・英語

報告書や供述調書など、警察官になると文章を書く機会が
増えます。文章力を養うのはもちろん、常用漢字や警察官
がよく目にする漢字などは、きちんと覚えておきたいところ
です。また、国際化が進む昨今、職務上、外国人と接する機
会も多く、英語をはじめ、語学力が役立ちます。

Chapter6では警察官ならよく目にする
漢字・用語のほかに、実用的な英単語・英
文を挙げています。見慣れない言葉も多
いかもしれませんが、読み書きなどできる
ようになっておきたいところです。

覚えておきたい基礎知識その2　国語・英語
覚えておきたい常用漢字

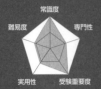

常識度
難易度　専門性
実用性　受験重要度

チェックポイント
● 警察官がよく使う常用漢字にはどんなものがあるか
● 警察官の専門用語を覚えながら漢字も習得する

書けて読めてあたり前。警察官に必須の漢字集

　警察官は、法律に基づいて職務を執行することが基本となります。そのため、一般常識としての日本語に加え、**法律に関わる専門的な用語も正しく理解し、身につけておく必要があります。**

　また、公的な手続をするうえで必要となる文書を作成する機会も多く、調書などは、手書きで記載しなければならず、修正ペンも使用できません。**職務上、頻繁に使用する言葉は、読めるだけでなく、正しく漢字で書けるようにしておくことも大切です。**以下に、警察官に必須の漢字集をまとめましたので、これを参考に覚えておきましょう。

読み方	漢字	読み方	漢字
行政・施策関連用語			
かんきょうほぜん	環境保全	きんきゅうたいさくほんぶ	緊急対策本部
こうきょうじぎょう	公共事業	こうつうきかん	交通機関
さいがいきんきゅうじょうほう	災害緊急情報	じょうほうこうかい	情報公開
ぜいきん	税金	ちほうじち	地方自治
ふくし	福祉	ぼうさい	防災

読み方	漢字	読み方	漢字
法律関連用語			
けんぽう	憲法	こうふ	公布
しこう	施行	じゅんよう	準用
しょうれい	省令	じょうれい	条例
せいれい	政令	てきよう	適用
法令関連用語			
がいためほう	外為法	かくせいざいとりしまりほう	覚せい剤取締法
かやくるいとりしまりほう	火薬類取締法	かんぜいほう	関税法
けいはんざいほう	軽犯罪法	こうむいんりんりほう	公務員倫理法
じどうふくしほう	児童福祉法	じゅうとうほう	銃刀法
しゅっしほう	出資法	しょうひょうほう	商標法
しょくぎょうあんていほう	職業安定法	せいしょうねんほごいくせいじょうれい	青少年保護育成条例
ちょさくけんほう	著作権法	かしきんぎょうきせいほう	賃金業規制法
どくげきほう	毒劇法	はいきぶつしょりほう	廃棄物処理法
ばいしゅんぼうしほう	売春防止法	ふうてきほう	風適法
ぼうたいほう	暴対法	まやくとうとりしまりほう	麻薬等取締法
めいていしゃきせいほう	酩酊者規制法	やくじほう	薬事法
ろうどうきじゅんほう	労働基準法		

読み方	漢字	読み方	漢字
罪種関連用語			
おうりょう	横領	かんきん	監禁
ぎぞう	偽造	きぶつそんかい	器物損壊
きょうかつ	恐喝	きょうはく	脅迫
ごうかん	強姦	ごうとう	強盗
こうむしっこうぼうがい	公務執行妨害	さぎ	詐欺
さきものとりひきしょうほう	先物取引商法	しょうがいちし	傷害致死
せっとう	窃盗	そぼう	粗暴
ちかん	痴漢	てんけんしょうほう	点検商法
とばく	賭博	ぼうこう	暴行
ゆうかい	誘拐	りしょくしょうほう	利殖商法

読み方	漢字	読み方	漢字
刑事訴訟関連用語			
ききゃく	棄却	きそ	起訴
きゃっか	却下	げんこく	原告
けんさつかん	検察官	こうそ	公訴
こうりゅう	勾留	さいばんかん	裁判官
じしゅ	自首	じじょうちょうしゅ	事情聴取
しっこうゆうよ	執行猶予	しゅうしんけい	終身刑
じゅうようさんこうにん	重要参考人	しゅっとう	出頭
しょうにんかんもん	証人喚問	そしょう	訴訟

読み方	漢字	読み方	漢字
ちょうえき	懲役	ひぎしゃ	被疑者
ひこく	被告	べんごし	弁護士
ようぎしゃ	容疑者	りゅうちじょ	留置所

その他用語			
あんぜんたいさく	安全対策	いしつぶつ	遺失物
いたく	委託	いはん	違反
きせい	規制	きそく	規則
きょうさ	教唆	くじょう	苦情
けんきょ	検挙	こうふ	交付
しっこう	失効	しゃげき	射撃
しょくむしつもん	職務質問	じんけん	人権
しんせいしょ	申請書	たいほ	逮捕
にんい	任意	ばっきん	罰金
ばっそく	罰則	ひがいとどけ	被害届
ひこう	非行	ふしんしゃ	不審者

覚えておきたい基礎知識その2　国語・英語

公文書について

チェックポイント
- ● 公文書とは何か。どんなものがあるのか
- ● 公文書作成の重要ポイントを押さえる

公文書は正確性が何よりも重要

　公文書とは、「官公庁または公務員がその職務上作成した文書」のことをさします。公文書は、重要な証拠ともなり得る大切な記録であり、文書ごとに定められた期間（ものによっては永久に）保存されます。そのため、公文書を作成する際には、ルールに従ってわかりやすく、端的にまとめるだけでなく、事実に基づいて正確に記載することがもっとも重要になります。公文書に虚偽の記載をすることは、違法行為となるので、くれぐれも注意する必要があります。

供述調書とは

　供述調書とは、警察官や検察官などの捜査担当者が被疑者を取調べる際、被疑者の供述を記録するための文書です。犯罪の捜査について必要がある場合、刑事訴訟法の第198条に基づき、捜査機関は被疑者の出頭を求め、取調べができることになっています。

　ただし、逮捕や勾留をされていない場合、被疑者は出頭を拒むことができます。一方、逮捕・勾留中の被疑者は取調べを拒否できませんが、黙秘権が認められており、供述するかどうかは任意となっています。供述調書作成後は、閲覧、あるいは読み上げによって被疑者が内容を確認したうえで、署名・捺印をします。被疑者は、この署名・捺印を拒絶することもできます。

　供述調書は、裁判で判決を下す際に、参考資料となる重要な書類です。そ

のため、くれぐれも慎重に作成する必要があることを覚えておいてください。下に記載例を挙げましたので、参考にしてみてください。

公文書の例：供述調書

例として、無免許運転で逮捕された場合の被疑者供述調書を紹介します。被疑者供述調書の場合、身上調査と犯罪事実関係の調書を分けて作成することがあります。供述調書は読む人に納得してもらえる内容でなければなりません。事件や事故の詳細を正確に表現して、必要項目をすべて記載するために、被疑者の話をよく聞き取り、事実を正しく把握する努力が必要です。

供述調書（甲）

本　籍　東京都▲▲区▲▲丁目▲▲番地
住　居　●●県●●市●●番地●●号
職　業　会社員　　　　　　　　　（電話○○○○○局○○○○番）
氏　名　山田太郎　　　　　　　　昭和××年××月××日生（××歳）

　上記の者に対する　道路交通法違反　被疑事件につき、令和△△年△△月△△日●●県●●警察署において、本職は、あらかじめ被疑者に対し自己の意思に反して供述をする必要がない旨を告げて取り調べたところ、任意次のとおり供述した。

1　まず私が、本日午後■■時過ぎ頃、現行犯人として逮捕された無免許運転について、その経緯や状況をお話しします。私はこれまで、運転免許を取得したことは一度もありません。

―――――　中略　―――――

5　会社に無免許と分かりましたが、解雇にならずに車の運転をやめ、引き続き勤務しています。また、妻は私が運転すると困るからと言って、車を処分しました。二度と無免許のまま車の運転はしません。

　　　　　　　　　　　　　●●県●●警察署
　　　　　　　　　　　　　司法警察員　警部補　田中一郎　　印

ほかにもある警察官が作成する文書

・身上調書
・参考人供述調書
・送致書
・現行犯人逮捕及び捜索差押手続書
・押収品目録
・還付請求書
・所有権放棄書
・実況見分調書
・被害届
・弁解録取書（べんかいろくしゅしょ）
・取調べ状況報告書
など

※供述調書には手書きのものもあります

警察官が作成する供述調書は、検察官が作成したものと同等の証拠として扱われます。法令などに準拠した、信頼の置ける内容で作成するように努めてください。

覚えておきたい基礎知識その2　国語・英語

国際社会で使える英語フレーズ

常識度
難易度　専門性
実用性　受験重要度

チェックポイント
● 日本語がわからない在日外国人や観光客と接する際に使えるフレーズ
● 英語で覚えておきたい、警察官が頻繁に使う単語

警察官にとっての英語

　国際化がますます進んでいる今、警察官にとっても英語力は必要不可欠になっています。在日外国人や観光客への道案内、交通安全指導などは、もはや日常茶飯事と言ってもよいでしょう。また、外国人による違法行為や犯罪が増加傾向にあることも見逃せません。たとえば、偶然、暴行事件の現場を目撃したとしても、英語がまったく話せない状態では、職務質問さえままなりません。最低限の英語力を身につけておくことは、地域や市民の安全を守るうえでも非常に重要なのです。2025年に開催される大阪・関西万博の際には、さらに多くの外国人と接することが予測されます。そのためにも、今から英語力をきちんと養っておきましょう。

● よく使う英単語

英単語	意味	英単語	意味
traffic light	信号	characteristic	特徴
corner	角、曲がり角	looks	人相
intersection	交差点	clothes	服装
end of the road	道のつきあたり	inspection	検問
turn right (left) at ～	～を右（左）に曲がる	situation	状況
go straight	まっすぐ進む	license plate number	車のナンバー
cross the street	道を横断する	dial 110	110番
wallet	財布	traffic accident	交通事故
cellular phone	携帯電話	fight	（暴力を含んだ）喧嘩
criminal, suspect	犯人、容疑者	theft	盗難

英会話例① 道を尋ねられたとき

外国人 すみません、歌舞伎座への行き方を教えてくれませんか？

警察官 この道をまっすぐ進んで、一つ目の信号を渡った左手にあります。

外国人 入場券はどこで買えますか？

警察官 こちらではわからないので、受付の方に聞いてみてください。

Foreigner Excuse me, could you tell me the way to Kabukiza Theatre?

Police officer Go straight along this street, cross at the first traffic lights and you'll see it on the left side.

Foreigner Where can I buy a ticket?

Police officer Sorry we don't know. Please ask at the theater reception.

英会話例② 遺失物の申し出があったとき

外国人 すみません、財布を落としてしまったのですが。

警察官 どのあたりでなくしたかわかりますか?

外国人 向かいのお店を出るまでは、確かに持っていました。

警察官 では、届け出をしますので、こちらの書類に必要事項を記入してください。

Foreigner I've lost my wallet.

Police officer Do you have any idea where you lost it?

Foreigner I'm sure that I had it when I left the shop across the street.

Police officer Please fill out this form to report the loss of your wallet.

英会話例③ ひったくり

外国人 今、そこの角でバッグを盗まれました！

警察官 犯人は？

外国人 バイクに乗って逃げてしまいました。

警察官 犯人の特徴を教えてください。

Foreigner My bag was stolen at the corner!

Police officer Where is the thief?

Foreigner He got away on a scooter.

Police officer Please describe the characteristics of the thief.

英会話例④ 飲酒検問

警察官 恐れ入ります。ただいま、年末警戒で飲酒運転の検問を行っているのですが、検査にご協力いただけますか？

外国人 急いでるんだけどなぁ……。

警察官 すぐに終わります。機械のこの部分に息を吹きかけてください。

外国人 （ふーっ……）

警察官 陽性反応が出ていますので、車から降りていただけますか？

Police officer We are conducting a drunk-driving check as a precaution with the year-end approaching. We need you to take a breath test.

Foreigner I'm in a hurry.

Police officer It won't take long. Please blow into this breath analyzer.

Foreigner Puff...

Police officer The reading is positive. Please get out of the car.

英会話例⑤ 交通事故の目撃者への質問

警察官 どのような状況でしたか？

外国人 向こうから来た車が自転車に乗っていた女の子をはねて、
そのまま逃げてしまいました。

警察官 車の色やナンバーを覚えていますか？

外国人 ナンバーは覚えていませんが、色はグレーでした。

Foreigner Could you tell me the circumstances of the accident?

Police officer A girl was struck by an oncoming car, but the vehicle drove away.

Foreigner Do you remember the color or license plate number of the car?

Police officer I don't remember the number, but the color was gray.

 MEMO : **110番通報への対応で使うフレーズ**

　110番通報を受けた際には、ポイントとなることに的を絞って、迅速に確認をとることが必要です。相手は気持ちが動転して、平静さを失っていることが多いので、落ち着いた口調で、的確に必要事項を聞きとることが大切です。以下に挙げたよく使うフレーズは、スムーズに英語で言えるようにしておきましょう。

●事件ですか？　事故ですか？（ひったくり、喧嘩、交通事故など）
→ Are you calling about an incident or an accident?

●それはいつのことですか？（○時○分頃、今から○分くらい前など）
→ When was this?

●場所はどこですか？（○○市○丁目、標識、目立つ建物、商店、交差点や橋など）
→ Where did it happen?

●どのような事件（事故）ですか？（被害の様子、けがの程度など）
→ What were the circumstances?

●あなたのお名前は？（事件・事故との関係、住所、電話番号など）
→ What is your name?

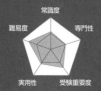

覚えておきたい基礎知識その2　国語・英語

国際社会で使える 専門的な英単語

チェック ポイント
- 上下関係を示す階級は英語で何というのか
- いくつもある罪種の英語表記はどうなっているのか

警察官の階級および罪種と英語表記

　日本の警察は完全なる階級制度になっていて、警察の組織や機能などを定めた警察法により統一されています。最高位である警察庁長官を除く警察官の階級は、以下の通り10階級に分かれています。国内のみならず、国際関係業務を円滑に行うためには、これらの階級の英語表現を正確に覚えておくことが必要です。

　一方、犯罪の種類のことを「罪種」と言います。国内における外国人の犯罪が増えている昨今、現場などで罪種を英語で伝えたり、表記したりする必要が出てくる可能性も十分にあり得ます。いざというときに慌てないためにも、**これらの英語表現に日頃から慣れておくことが重要です。**

● 警察官の階級等

※法務省日本法令外国語訳データベースを基に作成

階級（等）	英訳	階級（等）	英訳
警察庁長官	Commissioner General	警部	Police Inspector
警視総監	Superintendent General	警部補	Assistant Police Inspector
警視監	Superintendent Supervisor	巡査部長	Police Sergeant
警視長	Chief Superintendent	巡査長	Senior Police Officer
警視正	Senior Superintendent	巡査	Police Officer
警視	Superintendent		

● 罪種

罪種	英訳
犯罪	Offense（またはCrime）
違反	Violation
刑法犯	Criminal Offense
特別法犯	Violation of special law

罪種	英訳
殺人	Homicide
強盗	Robbery（Burglar）
放火	Arson
強姦	Rape

罪種	英訳
侵入盗	Invasion theft
空き巣	Stealer sneak-thievery
忍込み	Sneak-in

罪種	英訳
非侵入盗	Non-burglary theft
ATMねらい	ATM theft
窓口ねらい	Cashier theft
病室ねらい	Hospital room theft
ひったくり	Purse snatching
スリ	Pick-pocketing
置き引き	Luggage theft
仮睡者ねらい	Theft from a person Dozing off
車上ねらい	Vehicle burglary
車の部品ねらい	Vehicle parts theft
万引き	Shoplifting

罪種	英訳
乗物盗	Vehicle theft
自動車盗	Motor vehicle theft
オートバイ盗	Motorcycle theft
自転車盗	Bicycle theft

罪種	英訳
凶悪犯	Dangerous crminal
粗暴犯	Violent crminal
窃盗犯	Larceny offenses
知能犯	Manners and customs crminal
風俗犯	Moral offenses

罪種	英訳
凶器準備集合罪	Unlawful assembly with dangerous weapons
暴行	Violence
傷害	Bodily injury
傷害致死	Bodily injury resulting in death
脅迫	Intimidation
恐喝	Extortion

罪種	英訳
占有離脱物横領	Embezzlment of lost property
公務執行妨害	Obstruction of performance of official duty
住居侵入	Trespassing
逮捕監禁	Illegal arrest or confinement

罪種	英訳
詐欺	Fraud
横領	Embezzlement
偽造	Counterfeiting
背任	Breach of trust

罪種	英訳
賭博	Gambling
強制わいせつ	Indecent assault
公然わいせつ	Public indecency

罪種	英訳
略取誘拐	Abduction and kidnapping
器物損壊	Damage or destruction of structure

理解度チェック問題

問1 公文書について、以下の問題に答えなさい

❶ 公文書とは、誰がどのようなときに作成する文書か。

❷ 公文書を作成する際、もっとも重要なことは何か。

問2 警察官の各階級❶～❿に該当する英語表記を、右のA～Jから選びなさい

❶ 警視総監 　　❻ 警部

❷ 警視監 　　　❼ 警部補

❸ 警視長 　　　❽ 巡査部長

❹ 警視正 　　　❾ 巡査長

❺ 警視 　　　　❿ 巡査

A Superintendent General
B Police Officer
C Superintendent
D Police Sergeant
E Chief Superintendent
F Superintendent Supervisor
G Senior Police Officer
H Assistant Police Inspector
I Senior Superintendent
J Police Inspector

答え

問1 ❶ 官公庁または公務員がその職務上必要になった際、作成する文書　❷ 事実に基づいて正確に記載すること

問2 ❶A　❷F　❸E　❹I　❺C　❻J　❼H　❽D　❾G　❿B

問3　次の下線部のひらがなを漢字に直しなさい

❶ この法令は今年の4月1日から**しこう**される。

❷ 区の**じょうれい**により、ここでの喫煙は禁止されている。

❸ この手の**さぎ**が増えているので、気をつけてください。

❹ **ふしんしゃ**を見かけたらすぐに通報してください。

❺ 素早く**ひがいとどけ**を提出してください。

❻ そのような行為は**こうむしっこうぼうがい**にあたる。

❼ 規定時間を超える残業は**ろうどうきじゅんほう**により禁止されている。

❽ **きぶつそんかい**により10万円の罰金を命じる。

❾ 直ちに**きんきゅうたいさくほんぶ**を設置する。

❿ 他人の作品を勝手に利用するのは**ちょさくけんほう**に違反する。

⓫ **やくじほう**に反するので、そのような効用の表現は避けてください。

⓬ この書類は**ぎぞう**の疑いがある。

⓭ 職務質問を行うため、**にんい**で同行を求める。

⓮ さらなる罪を犯したため、**しっこうゆうよ**を取り消す。

⓯ **ちょうえき**3年の刑が言い渡された。

答え

問3 ❶ 施行　❷ 条例　❸ 詐欺　❹ 不審者　❺ 被害届　❻ 公務執行妨害　❼ 労働基準法　❽ 器物損壊　❾ 緊急対策本部　❿ 著作権法　⓫ 薬事法　⓬ 偽造　⓭ 任意　⓮ 執行猶予　⓯ 懲役

問4 次の日本語を英語にしなさい

❶ 信号

❷ 交差点

❸ ～を右に曲がる

❹ まっすぐ進む

❺ 財布

❻ 携帯電話

❼ 犯人

❽ 特徴

❾ 車のナンバー

❿ 交通事故

⓫ 喧嘩

⓬ 盗難

問5 次に挙げた罪種を示す英語を日本語にしなさい

❶ Burglary theft

❷ Trespassing

❸ Violation

❹ Larceny offenses

❺ Counterfeiting

❻ Bodily injury

❼ Obstruction of performance of official duty

❽ Fraud

❾ Damage or destruction of structure

❿ Homicide

⓫ Arson

⓬ Violence

答え

問4 ❶ traffic light ❷ intersection ❸ turn right at ～ ❹ go straight ❺ wallet
❻ cellular phone ❼ criminal（または suspect）❽ characteristic ❾ license
plate number ❿ traffic accident ⓫ fight ⓬ theft
問5 ❶ 侵入盗 ❷ 住居侵入 ❸ 違反 ❹ 窃盗犯 ❺ 偽造 ❻ 傷害 ❼ 公務執行妨害 ❽ 詐
欺 ❾ 器物損壊 ❿ 殺人 ⓫ 放火 ⓬ 暴行

問6　次の文章を英語にしなさい

❶ この道をまっすぐ進んで、一つ目の信号を渡った左手にあります。

❷ （落としものを）どのあたりでなくしたかわかりますか？

❸ こちらの書類に必要事項を記入してください。

❹ 飲酒運転の検問を行っているのですが、検査にご協力いただけますか？

❺ どのような状況でしたか？

❻ 犯人の特徴を教えてください。

❼ 車の色やナンバーを覚えていますか？

❽ 事件ですか？　事故ですか？

❾ それはいつのことですか？

❿ 場所はどこですか？

⓫ どのような事件（事故）ですか？

⓬ あなたのお名前は？

答え

問6 ❶ Go straight along this street, cross at the first traffic lights and you'll see it on the left side. ❷ Do you have any idea where you lost it? ❸ Please fill out this form. ❹ We are conducting a drunk-driving check. We need you to take a breath test. ❺ Could you tell me the circumstances of the accident? ❻ Please describe characteristics of the criminal. ❼ Do you remember the color or license plate number of the car? ❽ Are you calling about an incident or an accident? ❾ When was this? ❿ Where did it happen? ⓫ What were the circumstances? ⓬ What is your name?

特命捜査対策室
～時効を迎えようとしている事件への対策～

　「特命捜査対策室」という名称を、ドラマや小説を通じて耳にしたことのある人も多いことでしょう。これは、時効が近づいている事件や過去の重要未解決事件（いわゆる「コールドケース」と呼ばれるもの）などを継続して捜査することを目的に、警視庁刑事部捜査一課に設置された特命捜査班で、2009年（平成21）11月に発足しました。事件の関係者への事情聴取を改めて行うほか、最新の科学技術を駆使したDNA型鑑定などにより、新たな証言や証拠を洗い出し、事件解決を目指します。

　当初は、特命捜査対策室は警視庁のみに設置されていました。しかし、2010年（平成22）4月に殺人や強盗などの凶悪犯罪に対する公訴時効が廃止・延長されたのを機に、同年8月、警察庁は未解決事件の捜査専従班を各道府県警察に設置する方針を決定しました。専従捜査員のほか、見当たり捜査員、サイバー犯罪対策などを動員し、捜査にあたっています。

●見当たり捜査

指名手配被疑者の顔写真を見て、その特徴などを記憶します。そしてその特徴を頼りに、人が多く集まる場所で、指名手配容疑者を見つけ出します。このような捜査を「見当たり捜査」といい、潜伏や逃亡を続ける被疑者の発見に効果的です。

覚えておきたい基礎知識その3

薬物・テクノロジー

Chapter7では、警察官のあらゆる職種に関わってくる違法薬物の危険性、そして、近年増加するサイバー犯罪とその対策、時代とともに変わり続ける捜査技術などについてまとめています。

違法薬物やサイバー犯罪などは、専門部署に限らず、全般的に警察官なら関わる可能性が高いものです。違法薬物やサイバー犯罪の種類、それらに対する警察の対応などについて、把握するようにしましょう。

覚えておきたい基礎知識その3　薬物・テクノロジー

違法薬物の危険度と種類

チェック ポイント
● 法の網をくぐり抜けて販売される違法薬物の危険度とは
● 薬物乱用は家庭内暴力や、殺人、放火などの事件の原因ともなる

社会に潜む危険な違法薬物を取り締まるために

　一時的な快楽などを得るために、麻薬や危険ドラッグに手を出す人は決して少なくなく、大きな社会問題となっています。危険ドラッグは繁華街の店やインターネットなどで「ハーブ」などの名前で売られているために、若者が好奇心から使用してしまうケースが後を絶ちません。こうした危険ドラッグを含む違法薬物は乱用につながり、やがては身体的にも精神的にもむしばんでいきます。**違法薬物を常用する本人が妄想から家族に暴力を振るって事件を起こすこともあれば、所持したり販売することで処罰を受けることもあります。**

　暴力団組織など違法薬物を販売する犯罪者集団の取締りを専門とする麻薬捜査に限らず、青少年の非行や家庭内トラブルなど生活安全課の担当事案の中でも違法薬物の知識は必要なので、部署に限らず得ておきたい知識になります。次々と法律の網をくぐり抜けるような新手の方法で薬がつくられていることも現実です。まず、代表的な違法薬物の種類から見ていきましょう。

知っておきたい用語ガイド

▶ 麻薬

麻酔作用があるもののうち依存性を有するゆえに法律上禁止されているものです。麻薬の中には「合成麻薬」と呼ばれるものもあります。けしなどの植物からではなく、化学薬品から合成された麻薬のことです。代表的なものにMDMAなどがあります。

違法薬物の危険度

● 症状

酩酊や麻酔作用が現れます。恍惚感や覚せいなど快楽を得られますが、やがて幻覚や幻聴、妄想などを引き起こし、腎臓病や肺疾患など薬によってさまざまな病気につながります。反応には個人差があり、死亡事故に至ることもあります。

● 依存

違法薬物は依存性と乱用につながります。疲労感や頭痛、不安感や不眠を招き、やがてさらに強い薬の刺激を求めるようになります。薬物依存の母親から生まれた子どもには、先天性の障がいや異常行動が現れる場合があります。

違法薬物の種類

覚せい剤

ヒロポンに代表されるメタンフェタミンと、アンフェタミンの種類がある。

大麻

不安、恐怖、衝動行動を引き起こす。大麻取締法で栽培が禁止されている。

MDMA

メチレンジオキシメタンフェタミンの略。興奮と幻覚作用を起こす合成麻薬。

コカイン

南米原産のコカという灌木の葉が原料の麻酔薬。鼻から吸い込んで摂取される。

マジックマッシュルーム

幻覚を起こすきのこ類。2002年（平成14）に麻薬原料植物指定により栽培禁止となる。

その他

・ヘロイン
・コデイン
・パレゴリック
・シンナー　　など

 MEMO : **危険ドラッグとは？**

　覚せい剤などの違法薬物と似た作用を持ちます。麻薬や覚せい剤の化学構造を変えて製造され、危険な成分を含みます。2014年（平成26）4月1日から輸入、製造、販売に加えて、指定薬物の所持、使用購入、譲り受けも禁止されるようになりました。以前は「脱法ドラッグ」といった呼称でしたが、その違法性や危険性について、まるで合法であるかのような誤解を与えることもあり、「危険ドラッグ」と新しい呼称になりました。

覚えておきたい基礎知識その3　薬物・テクノロジー

インターネットの悪用

常識度
難易度　専門性
実用性　受験重要度

チェックポイント

● サイバー犯罪にはどのようなものがあるのか
● 警察はサイバー犯罪に対して、どのように取り組んでいるのか

警察が行うサイバー犯罪対策

　年々増加するサイバー犯罪対策のために、警察庁では2013年（平成25）よりサイバー攻撃対策官を設置し、より専門的な組織として体制を強化しています。一般企業でシステムエンジニアなどの高度な知識と経験を積んできた人材が中途採用され、その技能を発揮しています。警察庁では海外の捜査機関とも連携して、サイバー犯罪対策の情報交換を進めています。2014年（平成26）には、警察大学校にサイバーセキュリティ研究・研修センターが設置され、サイバー犯罪対策に必要な研修が行われています。

　今やインターネットは日常生活に不可欠なものとなりました。コンピュータ・ウィルスの感染被害や違法ソフトのダウンロードなど、身近なところでサイバー犯罪が発生しています。インターネット上でどういった問題が発生しているのか、警察はそれにどう対策を講じているのかなど、基本的な知識を押さえておきましょう。

知っておきたい用語ガイド

▶ サイバー攻撃対策官

サイバー攻撃分析センターの長。サイバー攻撃に関する情報を集約し、分析して、広域捜査や国際捜査を指導します。

▶ サイバーセキュリティ研究・研修センター

サイバー犯罪など、悪用され得るネットワーク技術に関して研究し、また、警察職員に専門的な知識や技術の研修を行います。

知っておきたいネット関連用語

● フィッシング

インターネットバンキングの利用者などに対し、ログインページそっくりの画面を装ってIDやパスワードを入力させ、個人情報や預金口座情報を不正に盗みとる詐欺行為です。近年事件が増加し、金融機関側も注意を呼びかけています。

● 動画共有サイト

YouTubeなどに代表される各種の動画投稿サイトは、インターネット上でさまざまなユーザーが自身で撮影、制作した動画が投稿され、公開されています。著作者に許可をとらずに映画やテレビ番組をアップロードするなどの問題があります。

● コンピュータ・ウィルス

添付メールやUSBメモリなどから気づかないうちにパソコンなどに侵入し、電話帳などの登録情報を漏洩させたり、機器の機能を破壊させたりする悪意を持ったプログラムです。ほかのパソコンなどに広がっていくことからウィルスと呼ばれます。

● ワンクリック詐欺

パソコンやスマートフォンでインターネットを利用した際、閲覧していたサイトや覚えのない相手からのメールに添付されていたアドレスをクリックした際、一方的に会員登録や商品購入の申し込み受付となり、高額な請求をされるといった詐欺です。

● 出会い系サイト

不特定多数のユーザーがインターネットを通じて知り合い、交際を目的に情報交換するためのサイトの総称です。特に青少年や児童を巻き込もうとする援助交際などの犯罪対策として、こうしたサイトが利用されないよう、法律で規制がされています。

警察の取り組み

● サイバー犯罪対策

複雑巧妙化するサイバー犯罪に対して、各警察本部では専門部門を置き、巡査部長以上の特別捜査官であるサイバー犯罪捜査官を任命しています。民間からもソフトウェア開発技術者やシステムアナリスト、テクニカルエンジニア等の資格を有する専門家が採用されています。

● 呼びかけと情報提供

住民から提供される情報は有力な捜査情報となります。ポスター掲示による指名手配犯の呼びかけなどに加えて、インターネットのWebサイトなども活用され、さらに「捜査特別報奨金制度」を導入するなど、警察ではより国民の関心を促進する解決対策を推進しています。

 MEMO ： **サイバー攻撃対策部隊「サイバーフォース」**

　サイバーフォースとは、情報セキュリティについての機動的技術部隊で、全国に配置されています。調査、情報収集、分析を行い、都道府県警察への技術支援をします。実際の攻撃を想定したサイバーフォースのための訓練システムがあり、また、新技術の導入を積極的に行うなど、問題発生時に対処できるよう備えています。

覚えておきたい基礎知識その3　薬物・テクノロジー

警察の
テクノロジー

常識度
難易度　専門性
実用性　受験重要度

**チェック
ポイント**

● 捜査で活躍する先端技術にはどのようなものがあるのか
● 捜査技量を向上させるために警察はどのようなことを行っているのか

最新技術（科学捜査）を事件解決に活かす

　インターネットやパソコン、携帯電話といったあらゆる情報機器が犯罪に悪用される中で、より早く正確に犯人検挙に結びつけるために**警察の捜査手法や情報分析技術も、日々進化しています**。防犯カメラの存在は、確実に犯人の検挙率を上げることに役立っています。未解決事件で残されたDNA型鑑定の情報など、かつては証拠の確定まで至らなかったものが技術の進歩によって新たな手がかりにつながるなど、地道に積み重ねられた技術革新の成果が発揮されています。画像や音声などのデジタルデータのほかに、携帯電話の通信傍受など、専門性が求められる捜査技術が数々登場しています。

　サイバー犯罪や**振り込め詐欺**、違法薬物など社会の変化に合わせて犯罪の内容も変化しますが、それを取り締まるためには、**ベテランの警察官の持つ捜査技能を新人へ受け継ぎ、全体の技量を向上させていくことが求められます**。ここでは、警察の捜査技術の中から代表的なものを紹介しましょう。

知っておきたい用語ガイド

▶ 振り込め詐欺

オレオレ詐欺とも言われるものです。電話先の人の息子や孫などを装って「事故に遭いお金が必要になったから、すぐにお金を振り込んでほしい」といった旨を伝え、指定の口座に振り込ませる、といった手口の詐欺です。ほかにも警察官や銀行員を装う場合などもあります。

迅速かつ正確に捜査に活かす先端技術

● 防犯カメラ画像

事件被疑者の検挙に有力な証拠となるのが、街中の各所に設置された防犯カメラ画像です。記録媒体のデータの多くは一定期間で上書きされてしまうので、迅速に残された画像を収集し、分析する体制構築を進めています。また、画像を有効に分析活用するため、高度な画像解析技術が研究されています。

● DNA型鑑定・指掌紋自動識別

警察で行うDNA型鑑定は、STR型検査法と呼ばれるものです。個人識別を非常に高い確率で行うことが可能です。指紋や掌紋の識別鑑定技術もデータベース化され、殺人事件や凶悪事件など犯人の遺留品から過去の未解決事件の手がかりも新たに発見されています。

● 自動車ナンバー自動読みとり

道路上に設置され、瞬時に自動車の登録ナンバーを読みとる装置は、走行する車の特定や追跡記録として効果的に役立てられます。正確な証拠となる記録情報であり、逃亡する犯人の検挙に向けて、広域の捜査情報として活用するためにも、より多く各地への整備が進められています。

● 通信傍受

各種の電話の通話を傍受する捜査手法です。薬物銃器犯罪や組織的殺人などの犯人逮捕のために、厳格な要件に合致した場合にのみ用いられます。予め裁判官による審査手続きを経て発布された捜査令状に基づき、警察が通信事業者の施設で、職員の立ち会いの下で実施されます。

● その他

・プロファイリング　　　　　　・高出力レーザ照射装置
・三次元顔画像識別システム　　・取調べの録音・録画　　など

現場で採取された植物の花粉などからもDNA型鑑定は行われますし、防犯カメラの不鮮明な画像では、歩く姿勢の特徴から個人を識別する「歩容解析」も研究されています。科学的な捜査方法の開発はますます進化しているのです。

 MEMO ： 技能の伝承

　　新任捜査員がまだ経験したことのない事件を想定し、実際に事件と遭遇した際に、すぐ対処できるよう、警察ではさまざまな育成プログラムを実施しています。また、捜査技術の知識を学び技能の向上を目指して、警察幹部が警察大学校や管区警察学校で講義や訓練を行い、事例研究もしています。取調べは経験がものを言いますが、ここでも技術向上のために、経験豊富な取調官が取調べ技術の伝承に努めています。

理解度チェック問題

問2	違法薬物に関する次の文を読んで カッコ内にあてはまる言葉を答えなさい

❶ 覚せい剤には、メタンフェタミンと（　　　　　）がある。

❷ 大麻取扱者でなければ大麻を所持し、栽培し、譲り受け、譲り渡し、または研究のため使用してはならない。これを定めた法律を（　　　　）という。

❸ 灌木コカの葉を原料としたコカインは医療では（　　　　）薬として使われた。

❹ 有機溶剤である塗料用のラッカーや（　　　　）、接着剤のボンドなどを吸引すると酩酊感や興奮を引き起こす。

❺ 向精神薬の一つであるメチレンジオキシメタンフェタミンは、興奮作用や幻覚作用を併せ持つ錠剤型の合成麻薬で、略して（　　　　）と呼ばれている。

❻ 「ハーブ」などの名称で違法に販売されることがある（　　　　）は、吸引後の運転により大事故を引き起こす可能性が高く、法改正によって所持すると罰せられるようになった。

❼ 麻薬や覚せい剤などの薬物は、使用するとやめられなくなる（　　　　）と乱用によって幻覚や妄想を引き起こし、他者を傷つける危険性がある。

❽ 以前、危険ドラッグは（　　　　）といった呼称だった。

答え

問1 ❶ アンフェタミン　❷ 大麻取締法　❸ 麻酔　❹ シンナー　❺ MDMA　❻ 危険ドラッグ
❼ 依存性　❽ 脱法ドラッグ

問2　違法薬物に関する次の文章で正しいものには○、間違っているものには×を記しなさい

❶ 化学薬品から合成された麻薬を「合成麻薬」と呼ぶ。

❷ 違法薬物の摂取により身体的にむしばまれるが、精神的にはむしばまれることはない。

❸ 違法薬物の常用により、使用者がまわりに暴力を振るうケースもある。

❹ 違法薬物の症状に、個人差はない。

❺ 違法薬物を使用することにより、幻覚や幻聴、妄想などを引き起こす。

❻ 違法薬物には依存性がある。

❼ 頭痛などの症状が現れても、不安感や不眠などの症状は現れない。

❽ 2013年（平成25）4月1日から危険ドラッグの輸入、製造、販売の業者、指定薬物の使用購入、譲り受けなどが禁止されるようになった。

❾ マジックマッシュルームは幻覚を起こすきのこ類で、2002年（平成14）に麻薬原料植物指定により栽培禁止となった。

❿ ヒロポンは大麻の一種。

答え

問2 ❶○　❷×　❸○　❹×　❺○　❻○　❼×　❽×（2014年（平成26）から）
❾○　❿×（覚せい剤）

問3　警察のサイバー関連の機関などについて、以下の問いに答えなさい

❶ 2014年（平成26）に設置された、悪用され得るネットワーク技術に関する研究を行う機関を何というか。

❷ サイバー攻撃分析センターの長を何というか。

❸ 情報セキュリティについての機動的技術部隊を何というか。

問4　次のネット関連用語と、その説明としてあてはまるものをA〜Eの中から選びなさい

❶ フィッシング・

❷ ワンクリック詐欺・

❸ 動画共有サイト・

❹ 出会い系サイト・

❺ コンピュータ・ウィルス・

・Ⓐ 不特定多数のユーザーがインターネットを通じ、交際を目的に情報交換するためのサイト。

・Ⓑ インターネットバンキングの利用者などに対し、IDやパスワードを入力させ個人情報などを盗みとる。

・Ⓒ ユーザーが撮影、制作した動画を投稿するサイト。

・Ⓓ パソコンなどに侵入して、登録情報を漏洩させたり、機器の機能を破壊させたりする、悪意を持ったプログラム。

・Ⓔ 閲覧していたサイトなどにあったアドレスをクリックすると、一方的に会員登録させられて、高額請求をされる詐欺。

答え

問3❶ サイバーセキュリティ研究・研修センター　❷ サイバー攻撃対策官
　　❸ サイバーフォース
問4❶B　❷E　❸C　❹A　❺D

問5 警察の捜査に用いられる技術について カッコ内にあてはまる言葉を答えなさい

❶ 商店街や駐車場の死角といったさまざまな場所に設置され、被疑者の検挙につながる有力な証拠となる画像を撮影するための装置を（　　　　）という。

❷ 指名手配犯などの情報提供を求めるために導入された公的懸賞金制度を（　　　　）という。

❸ 実行犯の通話情報を開示する（　　　　）は、裁判所が発布する捜査令状をもとに実施される。

❹ 犯人の毛髪や唾液などから（　　　　）を行うことで、被疑者の DNA 型記録を比較し、犯人と同一人物かを鑑定する。

❺ 自動的に走行車の登録ナンバーを撮影する（　　　　）の画像によって、犯人の自動車が特定できる。

❻ 防犯カメラの不鮮明な画像で、歩く姿勢の特徴から個人を識別する（　　　　）も研究されている。

問6 警察のテクノロジーに関する次の文章で正しい ものには○、間違っているものには×を記しなさい

❶ 新任捜査員などのために、警察はあらゆる育成プログラムを実施している。

❷ 未解決事件で残された DNA 型鑑定の情報など、技術の進歩により、新たな手がかりにつながった。

❸ 通信傍受は、警察が通信事業者の施設で、警察のみで行われる。

答え

問5 ❶ 防犯カメラ　❷ 捜査特別報奨金制度　❸ 通信傍受　❹ DNA 型鑑定
　　❺ 自動車ナンバー自動読みとり　❻ 歩容解析
問6 ❶ ○　❷ ○　❸ ×（職員立ち会いのもとで実施される）

交番・派出所・駐在所

　地域住民の安全を守る身近な警察機関が「交番」です。自転車に乗った巡査が街中をパトロールし、「交番」で道案内や遺失物の届け出などに親切に応じてくれる姿は、住民にとって頼もしい存在です。全国に「交番」は約6600ヵ所設置されています。最近では、ローマ字で「KOBAN」と書かれた表示を目にするようになりました。日本の「KOBAN」システムは、世界トップクラスの「治安のよい国」を誇るものとして評価され、海外でも取り入れられるようになりました。

　1874年（明治7）に「交番所」の名ではじまり、その後「派出所」に改称されたのですが、1994年（平成6）の法改正で「交番」が正式名称となりました。警察官が交代勤務で24時間機能する「交番」に対して、過疎地域に設置された「駐在所」では警察官が住居も兼ねて勤務し、地域の生活安全センターとしての役割を果たしています。

交番は地域の安全を守る
拠点。地域の警察官が街
の安全と平穏を守ります。

CHAPTER

8

警察官の専門常識・基礎知識

総まとめ問題集

この総まとめ問題集では、Chapter1〜7の内容を復習することができます。本書をひと通り読み、各Chapterの最後にある理解度チェック問題で正解できるようになったら、力試しにこの総まとめ問題集に挑戦しましょう。

一度理解したことや覚えたことを忘れないために、繰り返し問題を解くのも一つの手です。この総まとめ問題集を活用して本書の内容を復習し、知識を定着させましょう。

総まとめ問題集

問1 次の「職務倫理の基本」のうち、間違っているものが複数あります。その番号を答えなさい

❶ 自信と使命を持って、国と警察組織の役に立つこと。

❷ 人権を尊重し、公正かつ親切に職務を執行すること。

❸ 規律を厳正に保持し、相互の連帯を強めること。

❹ 能力や技術を高めるだけではなく、昇任試験に挑戦して、自己の充実に努めること。

❺ 清廉にして、堅実な生活態度を保持すること。

問2 カッコ内に適当な語句を入れて文章を完成させなさい

❶ 警察庁の現役警察官トップは警察庁長官、警視庁は警視総監、その他の道府県警察は＿＿＿＿である。

❷ 階級と役職の関係で、各警察署の署長は警視正か＿＿＿＿が就いている場合が多い。

❸ 警察学校卒業後は、まず＿＿＿＿に配属されて現場経験を積む。

❹ 交替制勤務の「当番」は、＿＿＿＿時間勤務である。

❺ 地域特性に合わせた＿＿＿＿隊は、長野、富山、岐阜の3県に設置されている。

答え

問1 ❶と❹
問2 ❶本部長 ❷警視 ❸交番 ❹24 ❺山岳警備

問3 警察学校に関する次の記述のうち、正しいものには○、間違っているものには×を記しなさい

❶ 事務職、技術職として採用された者は、警察学校には入らない。

❷ 採用直後の警察学校生を、初任科生と呼ぶ。

❸ クラブ活動のうち、体育系には必ず所属し、文化系は希望者のみ入部する。

❹ 平日の外出は原則禁止である。

❺ 柔道、剣道などの授業は、経験者であることを前提にしたカリキュラムが組まれている。

❻ 逮捕術は、さまざまな格闘技の要素を取り入れた日本警察のオリジナルのものである。

❼ 逮捕術は、相手を完膚なきまで叩きのめすために考案された。

❽ 容疑者の逮捕が第一だから、パソコンは知識のみ習得する。

❾ けん銃操法では、まず実射を行ってけん銃の怖さを実感する。

❿ けん銃操法では、どのような場面でけん銃を使用するのか、その判断力を養う。

⓫ 警察学校在学中に、無線免許を取得する。

⓬ 入校して半ば頃、2週間の実務研修が行われる。

⓭ 実務研修中は、まだ一人前ではないと住民にわかるよう、「研修中」の腕章をつける。

⓮ 警察学校での生活に備えて、入学する前から基礎体力を養っておくことが望ましい。

⓯ 警察学校で学ぶのは、採用直後だけではない。

答え

問3 ❶ × ❷ ○ ❸ × ❹ ○ ❺ × ❻ ○ ❼ × ❽ × ❾ × ❿ ○ ⓫ ○ ⓬ ○
⓭ × ⓮ ○ ⓯ ○

| 問4 | 次の文章はどの部署について述べているのか、その部署名を答えなさい |

❶ 警視庁など地域部がある16の都道府県警察以外の県警では、ここに地域課が置かれている。

❷ 交通部に所属し、白バイやパトカーによる事故防止の指導や違反の取締りなどを行う。

❸ 証拠品の専門的な鑑定や研究などを行う科学捜査のプロ。

❹ ほとんどの犯罪捜査の指揮を執る。

❺ 自動車警ら隊や鉄道警察隊、航空隊もこの部に置かれている。

❻ ストーカーや振り込み詐欺など、刑事部が担当しない、住民の身近で起こる犯罪・事件を担当する。

❼ 暴力団や違法薬物、銃器に関連した犯罪対策として、9つの警察本部に設置されている。

❽ 国内外の要人警護のほか、機動隊もここに所属している。

❾ 警視庁のみに設置され、思想犯やテロリストなどを捜査対象にしている。

❿ 民間企業の総務、人事、経理の仕事にあたる。

⓫ 現場から証拠品を採取し、分析を行う。

⓬ 警視庁に設けられ、ハッキング事件などを専門に扱う。

⓭ 所轄の警察官に続き、現場に急行して初動捜査を行う。各警察本部の刑事部に所属している。

答え

問4 ❶ 生活安全部 ❷ 交通機動隊 ❸ 科学捜査研究所 ❹ 刑事部 ❺ 地域部 ❻ 生活安全部
❼ 組織犯罪対策部 ❽ 警備部 ❾ 公安部 ❿ 警務部 ⓫ 鑑識課 ⓬ サイバー犯罪対策課
⓭ 機動捜査隊

問5　次の犯罪で出動するのは刑事部の何課になるのか、警視庁を例に答えなさい

❶ 羽田空港で、ハイジャック事件が起きた。

❷ 閑静な住宅街に空き巣の被害が連続して起こった。それにより住民の不安が募っている。

❸ 建築中の建物から相次いで火が出た。放火の疑いがある。

❹ 銀行員による多額の横領が発覚した。

❺ バイパス道路で、オートバイによるひったくり事件が発生した。

問6　カッコ内から語句を選び、文章を完成させなさい

❶ 容疑者逮捕のために、警察官に与えられた強い権限は（署長　住民　警察庁）から負託されたものという自覚が求められる。

❷ 警察学校で規律を重んじ、集団行動が要求されるのは（組織　個人　少人数）行動の大切さを学ぶためである。

❸ 地域で事故・事件が発生して、現場にいち早く駆けつけるのは（刑事部　警備部　交番）勤務の警察官である。

❹ 警察官の昇任制度は、（実力　学歴　年功序列）主義である。

❺ 警視庁の警備第一課には、特殊急襲部隊である（SAT SIT CAT）も配備されている。

答え

問5 ❶ 捜査第一課　❷ 捜査第三課　❸ 捜査第一課　❹ 捜査第二課　❺ 捜査第三課
問6 ❶ 住民　❷ 組織　❸ 交番　❹ 実力　❺ SAT

総まとめ問題集 |||||||||||||||||||||||||||||||||||||||||||||||||||

問7 以下は事故発生から110番通報をへて警察官が現場にかけつけるまでの流れを表したものです。❶から❸のカッコ内にあてはまる名称を答えなさい

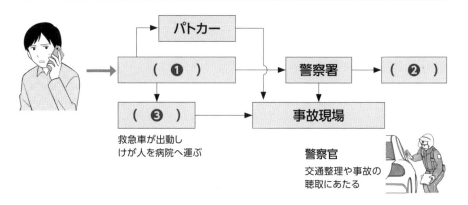

救急車が出動し
けが人を病院へ運ぶ

警察官
交通整理や事故の
聴取にあたる

問8 以下の文章は少年非行に関するものです。下線部にあてはまる語句を下から選びなさい

　少年犯罪には❶＿＿＿＿部の少年課が対応することが通常である。少年非行には深夜徘徊や万引きといった従来の犯罪も多いが、近年は携帯電話やインターネットなどと関係した❷＿＿＿＿といった性犯罪にも対応が迫られている。また子どもが保護者などから受ける❸＿＿＿＿といった事案も課題で、警察だけでなく行政・❹＿＿＿＿・学校・家庭との連携が不可欠である。

　　児童虐待　放火　企業　地域　サイバー攻撃　児童ポルノ
　　刑事　警備　生活安全

答え

問7 ❶ 通信指令センター　❷ 交番　❸ 消防署
問8 ❶ 生活安全　❷ 児童ポルノ　❸ 児童虐待　❹ 地域

問9 以下の図は事件発生から犯人逮捕に至るまでの流れを示したものです。カッコ内にあてはまる適切な語句を答えなさい

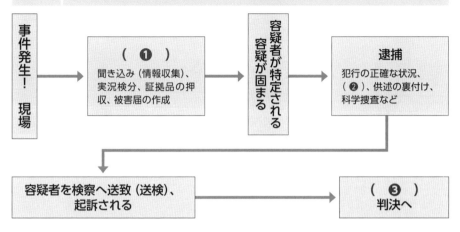

事件発生！現場 → （　❶　）
聞き込み（情報収集）、実況検分、証拠品の押収、被害届の作成 → 容疑者が特定される 容疑が固まる → 逮捕
犯行の正確な状況、（　❷　）、供述の裏付け、科学捜査など

容疑者を検察へ送致（送検）、起訴される → （　❸　） 判決へ

問10 以下の文章は交通安全対策に関するものです。下線部にあてはまる語句を下から選びなさい

　悲惨な交通事故を少しでも減らすために、交通マナーやルール遵守の向上といった施策が考えられる。警察では幼児から高齢者までの幅広い年齢層に❶＿＿＿＿＿教室を開くなどしている。

　一方、重大な交通事故に直結する❷＿＿＿＿や❸＿＿＿＿、無免許運転といった悪質・危険な違反に対する重点取締りも徹底している。

暴走族　飲酒　警備　職務質問　暴力団追放　速度超過
検問　交通安全

答え

問9 ❶ 捜査開始　❷ 取調べ　❸ 裁判
問10 ❶ 交通安全　❷ 飲酒　❸ 速度超過（❷❸は順不同）

総まとめ問題集 ||||||||||||||||||||||||||||||||||||||||||||||||||||||

問11　写真を見てそれぞれカッコ内に入る名称を答えなさい

❶ (　　　　　　　)

捜査やパトロールなど
必要なときに提示する
身分証。勤務時には必
ず携帯する。

❷ (　　　　　　　)

祭り・パレードや交通
整理、街頭取締りなど
で使用する。金属ワイ
ヤーで肩の部分に装着
してある。

❸ (　　　　　　　)

外勤のときなどに身に
つけることが多く、包丁
やナイフといった刃物か
ら身を守る。

❹ (　　　　　　　)

犯人が抵抗したときな
どに使用。伸縮式に
なっていて、使わない
ときは腰に装着する。

❺ (　　　　　　　)

警察官同士や警察署と
連絡を取り合うときに
使う交信用端末。

❻ (　　　　　　　)

腰の後ろ辺りに装着し
ている。逮捕のときに
使用する、手の自由を
拘束する器具。

答え

問11 ❶ 警察手帳　❷ 警笛　❸ 防刃ベスト　❹ 警棒　❺ 無線機　❻ 手錠

問12　下の写真を見て説明文のカッコ内に入る車両など名称を答えなさい

❶（　　　　　　　　）

外見は普通の乗用車。交通機動隊で、尾行などの捜査や要人警護で使用される。

❷（　　　　　　　　）

交通機動隊に所属する。街頭での交通取締りや交通整理などに威力を発揮する。

❸（　　　　　　　　）

行方不明者や犯人の持ちもののにおいを手がかりに捜索を行うほか、重要な場所の警戒なども行う。

問13　以下は警察の車両などについて述べたものである。下線部に適当な語句を入れ、文章を完成させなさい

　警察の車両はパトカーをはじめ、目的、機能別に整えられている。特殊車両の代表的なものはNBCテロに対応するために使われる❶_____車である。そのほかにヘリコプターも重要である。❷_____隊に配備されており、捜査や情報収集に使用する。脚部にスピーカーを設置できるので、振り込め詐欺撲滅キャンペーンといった❸_____活動でも活躍する。そのほか雪山遭難に関する❹_____救助やおぼれている人を助けるといった❺_____救助など幅広い分野での活動が期待されている。

答え

問12 ❶ 覆面パトカー　❷ 白バイ　❸ 警察犬
問13 ❶ 化学防護　❷ 航空　❸ 広報　❹ 山岳　❺ 水難

問14　次の各文は、それぞれ何の法律について 説明しているのか、法律名を答えなさい

❶ 刑事事件の裁判とその前提となる犯罪捜査についてなど、刑事手続の全般を定めた法律。

❷ 住民生活における住民同士の関係について定めた法律。

❸ 警察官が職権職務を遂行するために必要な手段について定めた法律。

❹ 警察のあり方を定めた法律で、警察の組織と責務について定めている。

❺ 民事事件の裁判手続について定めた法律。

❻ 道路における交通ルールを定めた法律。

❼ 犯罪と刑罰について定めた法律で、あらゆる犯罪の成立要件とその刑罰について定めている。

❽ 企業や商事の活動に関して、さまざまなルールを定めた法律。

問15　警察法、少年法、刑法のいずれかに関する 以下の問いに答えなさい

❶ 警察法では、政治が警察に関与することを防止するため、国と地方自治体に何を設けたか。

❷ 12歳未満の少年が法を犯した場合、犯罪とは扱われず、何と扱われるか。

❸ 少年法の対象年齢はいくつになるか。

❹ 刑法は西暦何年に施行されたか。

❺ 2005年（平成17）の刑法改正では、懲役刑の最高が「15年以下」から何年以下になったか。

答え

問14 ❶ 刑事訴訟法　❷ 民法　❸ 警察官職務執行法　❹ 警察法　❺ 民事訴訟法　❻ 道路交通法　❼ 刑法　❽ 商法
問15 ❶ 公安委員会　❷ 非行　❸ 20歳未満　❹ 1908年　❺ 20年以下

問16　次の文章にあてはまる語句を下の囲みから選びなさい

❶ 捜査機関や組織に侵入する密偵。

❷ シンナーのこと。

❸ 事件現場の下見をすること。

❹ 詐欺師や詐欺事件のこと。

❺ ヘロインのこと。

❻ 警察手帳、捜査令状、逮捕状のこと。

❼ 暴力団関係者が利益を得る手段のこと。

❽ 捜査のときペアを組む相手、相棒のこと。パトカーの同乗者。

❾ 被疑者に気づかれないように、遠くからの監視を行うこと。

❿ 家宅不法侵入のこと。

⓫ ダンプカーなどの積載車両の取締りのこと。

⓬ 宅配便などを装って侵入する強盗の手口のこと。

⓭ 銀行で、目的以外の預金データなどのコピーをとること。

⓮ 暴力団担当刑事、暴力団対策課のこと。

⓯ 非常警戒のこと。

> 相勤　アミウチ　犬　お札　かんかん　ごんべん
> 詐欺開け　シノギ　純トロ（あんぱん）　遠張り　のび
> なこ　マル暴　ヤマ見　横目

答え

問16 ❶犬　❷純トロ（あんぱん）　❸ヤマ見　❹ごんべん　❺なこ　❻お札　❼シノギ
❽相勤　❾遠張り　❿のび　⓫かんかん　⓬詐欺開け　⓭横目　⓮マル暴
⓯アミウチ

問17 次の各文が正しければ○、間違っていれば×で答えなさい

❶ 「神戸連続児童殺傷事件」が発生した当時、少年法の刑事処分の対象は「14歳以上」だった。

❷ 1999年（平成11）に発生した「桶川ストーカー殺人事件」は、「ストーカー行為等の規制等に関する法律」がつくられるきっかけとなった事件である。

❸ 1985年（昭和60）の「日本航空123便墜落事故」では、山岳警備隊の活躍がクローズアップされた。

❹ 「附属池田小児童殺傷事件」の犯人は、精神鑑定で精神障がいが認められ、無罪となった。

❺ 1963年（昭和38）に発生した「吉展ちゃん誘拐殺人事件」が契機になって、SATが設立された。

問18 次のカッコ内の言葉のうち、正しいほうに○をつけなさい

❶ 平安時代、検非違使が（東京・京都）の治安を守っていた。

❷ （守護・地頭）は、平安時代の追捕使が名前を変えたものである。

❸ 江戸時代では（町奉行・邏卒）が、今でいう警察や裁判所の役割を担った。

❹ 近代警察のはじまりに尽力した人物は、（西郷隆盛・川路利良）である。

❺ 1911年（明治44）頃から、（特別高等警察・GHQ）による思想の取締りが厳しくなった。

答え

問17 ❶× ❷○ ❸○ ❹× ❺×
問18 ❶京都 ❷守護 ❸町奉行 ❹川路利良 ❺特別高等警察

問19　次の漢字をひらがなに直しなさい

❶ 棄却　　　　　　　❼ 恐喝
❷ 誘拐　　　　　　　❽ 監禁
❸ 訴訟　　　　　　　❾ 痴漢
❹ 窃盗　　　　　　　❿ 勾留
❺ 外為法　　　　　　⓫ 公訴
❻ 横領　　　　　　　⓬ 教唆

問20　カッコ内に適切な語句を入れ、以下の文章を完成させなさい

・公文書に虚偽の記載をすることは、（　　❶　　）となるので、くれぐれも注意する必要がある。

・犯罪の捜査について必要がある場合、捜査機関は被疑者の出頭を求め、取調べができる。ただし、（　　❷　　）や（　　❸　　）をされていない場合、被疑者は出頭を拒むことができる。

・取調べの際、被疑者には（　　❹　　）が認められており、供述するかどうかは任意となっている。

・供述調書は、（　　❺　　）で（　　❻　　）を下す際に、参考資料となる重要な書類である。

答え

問19 ❶ ききゃく　❷ ゆうかい　❸ そしょう　❹ せっとう　❺ がいためほう　❻ おうりょう
❼ きょうかつ　❽ かんきん　❾ ちかん　❿ こうりゅう　⓫ こうそ　⓬ きょうさ
問20 ❶ 違法行為　❷ 逮捕　❸ 勾留（❷と❸は順不同）　❹ 黙秘権　❺ 裁判　❻ 判決

問21　次の日本語を英語にしなさい

❶ 道のつきあたり
❷ 道を横断する
❸ 人相
❹ 服装
❺ 検問
❻ 警視総監
❼ 警部
❽ 巡査部長

❾ 犯罪
❿ 凶悪犯
⓫ 傷害致死
⓬ 脅迫
⓭ スリ
⓮ 万引き
⓯ 偽造

問22　次の文章を英語にしなさい

❶ この道をまっすぐ進んで、一つ目の信号を渡った左手にあります。
❷ どのような事故ですか？
❸ 犯人の特徴を教えてください。
❹ 飲酒運転の検問を行っています。
❺ 陽性反応が出ていますので、車から降りていただけますか？

答え

問21 ❶ end of the road　❷ cross the street　❸ looks　❹ clothes　❺ inspection　❻ Superintendent General　❼ Chief Inspector　❽ Sergeant　❾ Offense（またはCrime）　❿ Felonious offenses　⓫ Bodily injury resulting in death　⓬ Intimidation　⓭ Pick-pocketing　⓮ Shoplifting　⓯ Counterfeiting
問22 ❶ Go straight along this street, cross at the first traffic lights and you'll see it on the left.　❷ What were the circumstances?　❸ Please describe characteristics of the criminal.　❹ We are conducting a drunk-driving check.　❺ The reading is positive. Please get out of the car.

問23　次の文章は、違法薬物について書かれたものです。カッコ内の語句のうち、適切なものを選びなさい

❶ （覚せい剤・マジックマッシュルーム）には、ヒロポンに代表されるメタンフェタミンとアンフェタミンの種類がある。

❷ 大麻の栽培は（大麻取締法・民法）で禁止されている。

❸ 以前の危険ドラッグの呼称は（違法ドラッグ・脱法ドラッグ）であった。

❹ 危険ドラッグは、違法薬物と（似た・まったく違う）作用を持っている。

❺ （平成16年・平成26年）4月1日から指定薬物の所持、使用購入、譲り受けも禁止されるようになった。

問24　次の文章にあてはまる語句を下の囲みの中から選びなさい

❶ 添付メールなどからパソコンに侵入し、機器の機能を破壊させたりするプログラム。

❷ 個人を識別するもので、殺人事件や凶悪事件などの手がかりとなる。

❸ 閲覧していたサイトなどのアドレスをクリックした際に、一方的に会員登録になり、高額な請求をされるといった詐欺。

❹ 情報セキュリティについての機動的技術部隊。

❺ 街中の各所に設置されていて、事件被疑者の検挙に有力な証拠になる。

❻ ログインページを装ったページで、IDやパスワードを利用者に入力させ、個人情報などを不正に盗みとる。

> コンピュータ・ウィルス　サイバーフォース　フィッシング
> 防犯カメラ　指掌紋　ワンクリック詐欺

答え

問23 ❶ 覚せい剤　❷ 大麻取締法　❸ 脱法ドラッグ　❹ 似た　❺ 平成26年
問24 ❶ コンピュータ・ウィルス　❷ 指掌紋　❸ ワンクリック詐欺　❹ サイバーフォース
　　　❺ 防犯カメラ　❻ フィッシング

索引【INDEX】

おわりに

　卒業生から電話がかかってきた。今朝の新聞を見てくれと言う。開いてみると、懐かしいTくんの顔が大きく掲載されていた。

　Tくんは、高校を出てすぐ、私のところにやって来た。覚えているのは、松葉杖をついて入学願書を提出しに来たときのことだ。バイクで転倒して骨折したという。髪の毛は金髪でツンツン立たせているし、いかにもやんちゃな面構えだった。「白バイに乗りたいから警察を受験する」とTくんは言った。

　高校時代はまともに出席していなかったと言うわりに、派手な改造バイクの音をまき散らして無遅刻無欠席だった。毎日みんなと遅くまで残って勉強していた。努力の甲斐あって、Tくんは国家公務員と県警に合格した。両親は国家公務員をすすめたが、本人は県警に進み、やがて白バイ警官になった。

　ある日、血の気の失せたTくんがやって来て警察を辞めたという。話を聞いてみると、どうやら訓練がつらくて辞めたらしい。地獄だぜ、と泣き顔で言う。辞表も出してきたと言うので、「土下座してでも取り消してもらえ」と言って追い返した。数日後、白バイ警官の制服のまま教室にやって来たTくんは、続けてみるよと照れくさそうに笑った。上司が机の引き出しの中に辞表を預かっていてくれたそうだ。

　そのとき以来の電話だった。あいつまた何かしでかしたか、と開いた新聞記事は、Tくんをチームリーダーとする、県警の白バイチームが全国大会で優勝したことを報じていた。メダルを首に掛けたTくんは、今度は得意気に笑っていた。

　才能は努力を惜しまず続けることのできる力だ。あなたがよい結果を得たいなら、人一倍努力する必要がある。ポイントは、努力することそれ自体が、楽しく思えるようになることだ。日々の努力そのものが幸福な気持ちをもたらすのなら、たとえ結果がどうであれ、そんなことは些細な問題だ。はからずも、あなたが逆境にさらされたときは、喜んで受け入れてほしい。成功よりも、むしろ失敗があなたを大きくしてくれるからだ。思い通りでなかった環境に、感謝する日がきっと来るはずだ。

静岡県浜松市中区旭町、JR浜松駅前にある
小さな公務員予備校シグマ・ライセンス・スクール浜松にて。

　　　　　　　　　　　　　　　　　　　　　　　　　　鈴木　俊士

監修

鈴木 俊士 (スズキ シュンジ)

シグマ・ライセンス・スクール浜松校長。
大学を卒業後、西武百貨店に就職。その後は地元浜松にて「シグマ・ライセンス・スクール
浜松」を開校し、公務員受験専門の学校の校長として多くの公務員を輩出している。定員は
20人という少人数制の学校ではあるものの、26年の間に2400人以上を合格に導く。築
き上げたノウハウと実績を基に携帯アプリやオーディオブックも手がけている。また、監修
を務めた本には『消防官採用試験面接試験攻略法』(つちや書店) などがある。学校の生徒
だけでなく、日本全国の公務員を目指す受験生たちのために精力的な活動を続けている。

〈シグマ・ライセンス・スクール浜松HP 〉 http://www.sigma-hamamatsu.com/

イラスト	鈴木桜月
	nogucci
	水鞠 涙
	桃積こおり
デザイン	荻窪裕司
DTP協力	斉藤英俊
編集	岡﨑 亨 (さくら編集工房)
編集協力	岩井美和

受験する前に知っておきたい
警察官の専門常識・基礎知識 [改訂版]

2023年3月10日　初版第1版発行
監修	鈴木俊士
発行者	佐藤 秀
発行所	株式会社つちや書店
	〒113-0023　東京都文京区向丘1-8-13
	電話 03-3816-2071　FAX 03-3816-2072
	HP http://tsuchiyashoten.co.jp/
	E-mail info@tsuchiyashoten.co.jp
印刷・製本	株式会社暁印刷